Elìsa Bache

Asas de Ser

Todo este conjunto de palavras foi escrito em meses e
anos diferentes, nos diversos relógios do tempo.
Em fases, processos e ciclos de vida distintos.
E formam uma parte na busca da identidade
do meu verdadeiro eu.

Com amor,

Eu, Elisa

Editora InVerso

® 2022. Editora Inverso

R. Doutor Goulin, 1523 Alto da Glória
CEP 80040-280 Curitiba-PR
(41) 3254-1616 e (41) 3558-8001
editorainverso@editorainverso.com.br
www.editorainverso.com.br
Facebook.com/editorainverso
Instagram @editorainverso

COORDENAÇÃO EDITORIAL/ EDITORA
Cristina Jones

TEXTOS
Elisabete Firmino Bugs Ache

REVISÃO
Bárbara Martins Wieler

CAPA, PROJETO GRÁFICO E DIREÇÃO DE ARTE
Adriane Baldini

DADOS INTERNACIONAIS DE CATALOGAÇÃO NA PUBLICAÇÃO (CIP)
Mona Youssef Hammoud – CRB/ 9ª 1393

B119a

BACHE, Elìsa. **Asas de ser.**
Curitiba.: Ed. InVerso, 2022
160 p. 15 x 21 cm PTBR

ISBN: 978-85-5540-265-4

1. Autorrealização. 2. Poesia. 3. Efemeridades. 4. Sentimentos.
6. Celebração da vida. I. Título

CDD: 869.4

Poesia: 869.4
Sentimentos: 332.1

Dedico este coração pulsante de palavras em forma de livro aos meus pais, Cenira e Guido. Vocês são duas lindas e brilhantes estrelas de minhas constelações. Vocês são o princípio, o impulso, a origem de minha existência para o caminho do amor aqui e agora. Honro e agradeço a oportunidade do nosso reencontro. Afeto infinito que cruza as barreiras do tempo em todas as eras e dimensões.

Aos meus amores, Marcelo e Gabi, pela paciência nas horas de longas audições, pelo apoio nos dias de incertezas e temporais. Vocês são os grãos que germinam a variação de todas as flores do nosso jardim estelar e fundamentam a minha vida neste plano, nesta jornada do ir e vir das auroras.

Aos meus Mestres da senda espiritual que seguram as minhas mãos dia a dia, me guiam na busca da minha essência original e iluminam o meu caminhar como imensos sóis e luas, muito além da Via Láctea.

Amo vocês.

Dedico também a todos aqueles que tocam o manto da resiliência no aprendizado de ser.

Prefácio

MAPA E TRAVESSIA

Luciane Godolfim Swirsky
Graduada em Letras, Especialista em Estudos Linguísticos do Texto e Mestre em Educação

As palavras de Elìsa Bache são um convite à leitura. Leio-as com vontade. Embarco e deixo ser asas as linhas traçadas por esta poetisa hábil e sensível. ASAS DE SER, seu livro de estreia, é fruto de uma produção potente, aprofundada no que a alma cala. O poético tecido neste livro reporta a cores, matizes e misturas a todo instante, revelando que novos prismas criam outros olhares e transmutam realidades.

Tal qual Adélia Prado, Elìsa "vai carregar bandeira"[1], empurrando a si mesma para o confronto, expondo as cenas épicas nas guerras colossais consigo mesma, compartindo-as conosco, leitores que somos da sua palavra; atores que somos de nossas próprias batalhas. Cada passo, cada descoberta, cada sentido ou ressignificado são asas para transformar o horizonte do lado de dentro. Ninguém caminhou por mim, diz o verso do poema, nenhum caminho é o mesmo caminho do outro, mas as palavras de Elìsa são mapa, são travessia, e cada capítulo uma ponte para o espaço interior, o espaço quieto, inquieto que carregamos conosco.

Todo voo, embora o imaginemos altivo e para longe, nem sempre é ar livre. Também o é, mas também é falta de ar, é voar para dentro de si. O voo representa a infinitude do ser, convidando-nos a ser impulso ou inércia, poemas que andarilham desamarrados em busca de junção. Na ânsia por plantar lirismo, cada estrofe vem partilhar a luminosidade em todos os lugares, no repetir do cotidiano, no que vemos da janela do carro, no que está dentro de casa, no que era desconhecido ou mesmo insignificante. No movimento dos poemas, galhitos balançantes podem conduzir para dentro de nós mesmos, passantes apressados, sem tempo de amar a paisagem. Elìsa calibra divinamente as palavras e torna os conflitos do Aqui-Agora matéria pura de poesia a espelhar os avessos do EU. Com variedade de abordagens, temas e lugares de si, o volume do trabalho lírico autoral dedicado à obra impressiona. Gosto de comparar cada um de seus textos com a forja de um metal, pois cada linha é a materialização de um processo, de uma luta, de meditação e instinto, resiliência e desbravamento, dia e noite, desejo e repressão, medo e coragem.

Nas ASAS DE SER de suas palavras, os poemas são portais. Transportam para o que calamos, lembrando a cada linha que somos sempre possíveis, que esse viver é único e por isso está renovada a possibilidade de criar, mudar, gerir, amar. O amor que figura em cada linha está manifestado de múltiplas formas, é amizade, caridade, maternidade, gratidão, solidariedade, reconhecimento, fé. Cada verso exala o perfume do afeto traduzido no amor pelo universo, pela espiritualidade, pelo outro, próximo ou distante, de sangue ou de escolha, por si mesma: autoamor.

O amor é marca na amplidão do texto, o cultivo com cuidado do EU que renasce, que despedaça e se reinventa. No rio de dentro dos teus olhos, o conhecimento de Ser, insondável e incorpóreo, figura no espectro dos sentidos e não no da matéria. Estamos onde não podemos tocar, nossa matéria é imaterial. Enquanto o tempo esvoaça nas estações, a autora nos move em direção a um caminho. Sou uma mulher que hoje olha para os pés, sendo eles, os pés, ambas as coisas: direção e caminho. Sou a soma, diz Elìsa. É voo, digo eu. É ASAS DE SER.

[1] PRADO, Adélia. Bagagem. Rio de Janeiro: IMAGO, 1976

Apresentação

Este livro é um reencontro com as minhas variações. Isto significa dizer que nesta edição eu passeio por diferentes momentos de vida e formas de me expressar. É um apanhado de observações e percepções que fui desbravando dentro de mim. Escrever já me ocorria na adolescência e em diferentes fases e vivências da vida, mas não encarava a escrita como algo em que devesse colocar minha energia. Só nos últimos anos é que tudo foi fluindo para que eu enxergasse esse dom como propósito e o compartilhasse. Agora realizo esse movimento. É o reinício de um processo para abraçar novos espaços e jeitos de encarar a vida, seguir num flow mais compatível com o eu profundo que estava adormecido, uma demanda de (re)descobertas, um acesso às memórias antigas, às minhas potencialidades escondidas e vulnerabilidades. Desvelo camadas de emoções, os altos e baixos, a sensibilidade, os dias sem fé e a celebração dos dias bons que me fizeram mover os pés, as mãos e o coração em direção a uma nova jornada.

Minha escrita mistura porções de simplicidade, o mergulho interior, o voo do olhar para as coisas do mundo, incertezas, delicadezas, o sagrado que permeia a existência, o despertar para um novo sentido de vida, um olhar que busca ressignificar a realidade, traduzindo as percepções da minha alma, as miudezas do cotidiano e a espiritualidade mais consciente. Este livro é uma epifania. Facetas de uma alma que trilha o caminho do descobrimento, que revela suas vibrações de luz, de dor, de sonho, de superação, de libertação e de autoconhecimento. É o meu lugar de pertença.

Eu busco traduzir o que causa a costura de tudo que transforma os meus sentimentos, além do que se reflete em minha retina. É uma revolução pessoal, libertação. Minha escrita é um mergulho no sutil da minha alma e nas realidades que vivo e vivi. Leitura das minúcias que percebo no cotidiano, das bênçãos do caminho e das sombras também. É como uma "sangria". É a mistura dos vários aspectos do emocional e espiritual, material e imaterial. É a revelação da minha impermanência, da maturação dos sentidos. É uma síntese das minhas verdades. Uma compilação do que absorvi e descobri. Falo do poder de transformação que os reencontros com minhas vivências trouxeram. Reencontro com os matizes que fazem a minha alma vibrar e transparecer, reencontro com o encantamento, com as imensidões que habitam o meu coração, com o compartir dos reflexos estampados em meu olhar nos momentos de contemplação, dúvidas e insights. Reencontros! Reencontro com os dons, capacidades. É o movimento do meu coração no caminho do despertamento, uma espécie de portal. O passo, a direção, o bater de asas que rompe o casulo para ressuscitar o gracioso voo de uma borboleta que estava solapada no peito. Aceitação, entendimento. Metamorfose.

Catarses, iniciação. Feridas expostas, feridas cicatrizadas.

Fechamento de ciclos, descobertas, escoamento do vazio. Inícios.

Doçura e acidez. É um voo libertário.

Estes escritos são partes que se desprendem do meu universo para encontrarem-se corajosamente com o mundo do lado de fora. Neste agora, redescubro a minha voz. Ela paira em unidade com os prismas de minhas facetas humanas e sutis. Esse novo tom circunda as palavras, entrelaçando-as às minhas histórias e emoções. Liberto as asas de ser.

Na busca por um caminho que fizesse caber a alma neste mundo, encontrei a escrita e a coloquei em poemas, rimas, rezas e outras expressões.

Nestas páginas há o pulsar de um coração que retorna para a estrada original.

Fecho por instantes os sóis de minha face, inspiro e sorrio para essa nova estrada.

Aqui tem amor por extensão
Devoção
Tem dor e ressurreição
Tem um coração depositário de graça, fé e muita resiliência
Eis minha travessia, minha epifania
Eis minha prosa e minha poesia

Simbologias

ACERCAMENTOS, CUIDADOS, SINERGIA.

Enquanto revisava e selecionava estes textos e poemas eu me cerquei de coisas que pudessem gerar a melhor energia para envolver as composições deste livro, tudo que me trouxesse serenidade. Sempre contemplava a vista da janela da minha sala - a mesma que me inspirou poesias e reflexões -, espiava como estava o tempo, olhava o céu e puxava o ar mentalizando a calmaria de que precisava e reafirmava as intenções de amor para este momento antes de me sentar à mesa e ligar o computador. Ao abrir a tela e começar a esmiuçar os capítulos, estava já cercada de boas vibrações. Busquei conexões com músicas que me trouxessem paz, quietação, bem-estar, como as de Chopin ou Ode to Joy, de Beethoven, além dos sons da natureza, como a água do rio e vez ou outra o barulho do mar, através da tv mesmo, quando eu não podia estar na própria natureza. Ouvia-as por horas para embalar todas as partículas deste universo aqui dessa caixa de palavras. Em outros dias, os mantras ecoavam também. Acendi incensos e velas. Deixei o aroma dos florais de Bach dançarem no ar exalando as suas qualidades. Algumas vezes, comprei flores. Imaginei as chamas suaves da luz das divindades, cobrindo cada palavra, cada página. Tudo posto à minha volta para manter a boa sinergia deste movimento que exige extremo cuidado e atenção.

Neste acercamento de coisas significativas pra mim, eu quis também colocar aqui uma simbologia que pudesse representar todo este processo de desenvolvimento e redescoberta desse eu que agora traduz em versos os sentimentos. Quando meditei sobre isso, percebi que os ciclos pelos quais as borboletas passam poderiam ser os símbolos que melhor expressariam a energia da transformação, do processo de evolução. Quando me descobri organizando textos para um possível livro, pensei na analogia do voo, no esforço tremendo de um corpo redesenhado, modificado, rompendo um casulo. Transformação. Sim, estive habitando um espaço apertado! A borboleta resume em seus ciclos os estados de espírito que evocam evolução e o despertar para a beleza interna. A borboleta é o símbolo da mudança da alma, da criatividade, da liberdade e da alegria. Esta simbologia estampa a liberdade de se permitir ser uma nova versão de si mesmo, de ver outros ângulos, de libertar-se do peso que não faz mais sentido e ir mundo afora ser o que encontrou em si e transparecer. Mas é claro que, como quase tudo na experiência humana, antes de encontrar um caminho em que a magia da vida desperta a parte luz no infinito do peito, há a fase do voltar-se para dentro, o movimento que muitas vezes intranquiliza, que traz desconforto, tal qual a lagarta, que precisa usar o corpo inteiro para chegar ao que a alimenta, ao que lhe dá força para continuar. No casulo, a borboleta mergulha dentro de si para descobrir quem ela é, é o processo iniciático do autoconhecimento. Eu e eu. Quando o eu acolhe a sua dualidade, encontra a sua verdade, a sua beleza, precisa desdobrar-se para outra fase, outro nascer. É preciso voar e voar requer coragem e decisão. As vistas se voltam para a imensidão lá fora, depois de mergulhar na imensidão de si mesmo. Este ir pede um olhar com mais brilho e inteireza. Um ver mais apaixonado, mais perspicaz, mais confiante. Neste encerrar e iniciar ciclos da borboleta é que encontro as similaridades desta transmutação com os caminhos que fui vivendo e tecendo a jornada. Ela, a simbologia da borboleta, passeia por cada capítulo revelando a sua luz e a sua sombra, a sua delicadeza e também a sua coragem, os seus ciclos.

Desejei contar isso porque acredito que tudo que a gente se propõe a realizar na existência deve ser feito com o melhor que há disponível, seja um pensamento bom para envolver a nós mesmos e envolver o outro, uma música, uma oração, seja uma história que incentiva novos inícios e possibilidades.

Acercamentos. Amor. Percepção. Amor. Ser. Amor.

Ando abastada da vontade de escrevinhar
Escrevinho frases longas, rimas, sentimentos

Disseram ao pé do meu ouvido que eu devo compartilhar palavras,
disseram que é dom divino plantado no coração
Pautar a vida em palavras, porque é dom já de outros tempos
Não quer dizer amaciar em elogios ou tapar o sol com a peneira,
mas também tocar o dedo nas feridas
e banhar a garganta e os dedos de uma certa acidez

É para provocar rupturas com o mal e colar mais sabedoria,
sensatez e poesia

A compreensão só chega às almas afinizadas, sensíveis,
mais despertas, abertas
É um caminho que muita vez não alcança os afetos
e não conta com a soma das estimas,
no sentido fraternal de apoio ao voo da alma,
não porque não valorizam essas escritas,
mas porque estão absortas em outros relógios

Há nas palavras o ensejo de exposição do bom,
dos versos, dos cânticos e das advertências,
da expressão do ser mundano e do sagrado

As palavras apontam caminhos para a lucidez,
verdades e encantamentos, aprendizados
Se bem captadas e traduzidas nos verbos certos,
emitidos na trajetória secular das Divindades, apontam a direção correta
Amenizam dores, fazem sorrir, repensar,
apagam mentiras, nos aproximam dos anjos

Também amedrontam, acordam demônios,
oprimem, manipulam, enfeitam egos
Mas esta parte não é a minha ponte
Minha ponte tem a ver com ressurreição
Escrevinhar nasce no alto do azul-celeste, entrelaça o meu coração
e caminha pelo corpo inteiro, somando os rastros de luz
de minhas leituras e emoções e transpassam a mente e as minhas mãos
Destrincham na consciência, missão

Sumário

CAPÍTULO 1

Percepções do eu

Em minha escrita desenho palavras atemporais
Elas são construções da alma
São significações da minha experiência
São traduções das minhas impressões do cotidiano,
do que minha retina vê e minha mente retém
Âmago. Vida interior

Não tenho mais medo de ser alma poeta
e acreditar que as palavras dançam
e dão voltas mesmo sem luar
Ser poeta é acreditar que trocar as cores
faz os sentimentos bailarem feito bailarina,
equilibrista na corda bamba, e mesmo correr veloz como o Bolt
Sempre apostando que na noite escura e chuvosa existe encantamento
porque o dia vem deixar suas bênçãos depois,
mas é preciso sensibilidade para perceber

Ter alma poeta é decifrar as entrelinhas
É parar para observar, enxergar e refazer

Usain Bolt: atleta velocista jamaicano, multicampeão olímpico e mundial.

O sol brilhou em mim como cascata que desce a montanha
e inunda a beirada dos rios, pedras e tudo no entorno
de vida e fortaleza
Eu me senti banhada de graça e fé

Agradeci o presente depois da chuva

Eu achei bonito o dia em que me encontrei
Era de manhã
Eu estava só, sentada em uma poltrona na minha sala
Achava que estava porque eu não via nada além de objetos
Me enganei

Nem ontem, nem amanhã
Viver é agora
Viver é vento forte como ontem
é chuva ou tempestade amanhã
Mas hoje é tempo de uma nova estação
de perdão, redenção
de enxergar as estações da Terra
no próprio coração
sem amargura, sem solidão
variações de temperatura
dentro do centro da vida, da mente
Com fé

Nem ontem, nem amanhã
Agora é que devo estar

E se eu correr o risco?
De me jogar nas linhas
do vocabulário que transmuta a mente
deste coração renascido
na consciência de simplesmente ser
Ser de verdade
Somente fazer
tudo mais com gentilezas
mesmo sem certezas
Se entregar aos desafios
sem medo de errar
Seguir a dança das letras
mergulhar na essência
de minh'alma e de fato viver
com mais inteireza
Correr o risco
Correr no riso
de simplesmente
Ser

Ouço um sussurro...

Um sopro me diz:
Coragem para enfrentar os julgamentos
e desvencilhar-se do que prega ao chão
Assumir a postura do sagrado
e jogar-se na imensidão escondida no espaço entre as costelas

Porque o espírito abriga o conteúdo,
a mente impulsiona o voo,
o coração sacraliza as pontes para o infinito do ser

Quando vêm os dias secos,
alcanço um tanto mais de luz lá fora
Como o renascimento das flores,
a lagarta que vira borboleta,
os brotos das sementes
Meus olhos veem os pequeninos poemas
que nascem dos matizes do astro brilhante no céu
É o sol que brilha em minh'alma
o farol que me faz enxergar os detalhes
e que sustenta a caminhada nos dias de chuva para chegar à primavera
e perfumar o ar com o aroma de todas as bênçãos colhidas
na travessia das estações

Sorrio contente, muito mais feliz que antes

Trocando os sapatos
Seguindo os passos
Desta alma que habitava um lugar apertado,
longe dos sonhos que não conhecia
Não sabia que deveria transcender em palavras
curando primeiro os próprios pés

Neste torvelinho que é viver
Prego os olhos nas minúcias de bem-querer
Amarro em laços de amar tudo que vejo
Fito as vestes das moças a passarem na rua, tão lindas
as crianças que tudo veem, os moços, os anciões em seus passos lentos
os bichos, as flores, os edifícios, as folhas no chão
a chuva que molha a terra, as nuvens, o céu
Destravo a língua, aumento o passo
Descrevo meus brios em delicadezas
para ofertar a joia que trago no coração
Sou passante no tempo
a redescobrir nas vielas da existência outras faces

Indelével, muito sutilmente,
movimento as órbitas para ver além das esquinas
Capto os pontos finais em cada espiadela na vida
Conjugo novamente todos os verbos para ressuscitar as reticências
Entrego-as para as moças, moços, meninos e velhos,
senhoras e todos que encontrar
É pra dizer que viver vai além, não cessa
É sacudidela afetiva para escreverem novas frases na narrativa da vida

Porque setembro chegou, pensei em cores
Abraçar-se
Inspirar sem copiar
Admirar sem se sentir pequeno
Ser quem precisamos ser
Ser o que movimenta a essência dos muitos eus que habitam em nós
em facetas multicoloridas ou em preto e branco

As estações da vida são para a (re)descoberta dos matizes
que fazem a nossa alma vibrar, aquarelar
O mês na verdade não importa
porque estação é o tempo que vai dentro de si,
nas páginas que pintamos, nas cores que vibramos na nossa tela mental

Vejo setembro estampar o tempo de abraçar-se
para amar as próprias cores, sejam elas as que já existem
ou a mistura de todas as possibilidades
da paleta que Deus nos concedeu

Quero correr no meio das flores
ser abelha no néctar da flor
Ser solta feito brisa
Esquecer minhas dores
Ressuscitar as memórias de onde nasci
Pintar em cores os amores que vivi
Buscar na fonte infinita dos céus
a sabedoria infantil
Quero ser a beleza do negro, longe do cinzel
Ser oriental na forma, perto de algum arranha-céu
Ser árvore robusta em raízes, oferecer fruta, sombra e descanso
Ser índio despido de qualquer imposição
Quero soltar as tranças sem ser Rapunzel,
ser livre de todo castigo
Brilhar contente na sacudidela de meus pincéis
Quero ser como o esquimó, urso polar
sem medo do frio
Quero ser livre agora, ser leve, ser vento,
chuva pra molhar o campo
Quero ser a união da terra com o azul do céu

Inda quero sonhar
Os sonhos no meu mar
Meu mar está longe, lá perdido na imensidão
Quero encontrar esse lugar sonhado dentro de mim
Distante, deixei-o ficar
Esqueci-o deliberadamente,
apenas para não ser nada e nada fui até agora
Meu mar é o significado de minha existência
Experiência de viver tão longe de meu verdadeiro sentido
Inda vou
Se hoje lamento os dias que não andei
nas areias brancas e mornas desse meu lugar,
- o mar de meu espírito -
Projeto a todo instante
um jeito de buscar esse imenso ser do mar
Que ora braveja como tempestade,
ora serena sob a lua e desnuda-se ante o sol
Inda trago os desejos juvenis
de purificar os sonhos
no deleite de renovar-me nas águas de sal,
nos reflexos inquietos do lugar de meu coração
Inda sonho, inda vou chegar
Se não sonho, desfaleço
Perco-me sem o meu mar

Eu sou a soma de todas as cores
Sou a cor em sua infinitude
Cada cor em sua propriedade
Sou a profundidade dos matizes, todos os prismas
Sou unicidade, vibração,
energia em todas as escalas
Espectro. Identidade

Sou branca. Preta. Mestiça! Multicolor
Sou a paleta vibrante do Universo
Sou a soma de tudo
e em tudo quero iluminar em cor, paz e amor

Sou universal, corporal, espiritual
Flor, água, terra, céu
Ar. Incolor. Monocromia
Sou a soma de tudo que irradia o Criador
Sou a soma

Das escolhas do coração

Vejo os dias em luz
Separo os instantes que sinto
Transformo as vistas, as imagens
para inspirar leveza,
para restaurar em mim
tudo que é mais sutil
Um pouco das delicadezas
que ladeiam as ruas, as águas, os céus
Posto que tudo é efêmero
e, por isso mesmo,
prefiro resgatar as poesias no meu caminho
para fundirem-se a mim
neste ar rarefeito da vida
e regar o meu espírito
das bênçãos da Criação

Costumo dizer que as inspirações vêm do meu céu
De suas infinitas constelações
Outras vêm das minhas existências
- aqui e de outrora -
Experiências
Dos passos que dei em direções erradas
e dos que dei em passos assertivos
Catarses

Meus olhos captam as possibilidades, coloco sensibilidade
Eu as abrigo em meu coração
Junto todas as partículas que as compõem, percepções
Transmutação...
Para partilhar a luminosidade de plantar lirismo, verdades e emoções
em poemas e rezas, delicadezas

Uma forma de amar

CAPÍTULO 2

Pensamentos que voam nas horas dos momentos

Escrevinho na tela mental
Cores
Ouço suas vozes
Ora gritantes, ora calmantes
As cores rasgam na vida
pedaços de amor

Praticando a arte de ver poema em tudo,
penso na energia dos novos ciclos
Elevo o meu olhar e o meu sentir para celebrar os instantes,
para ser presença onde quer que eu esteja,
para acolher o valor de cada dia e abençoá-lo

A costura de tudo que eleva o meu olhar e o meu sentir
tece no peito uma formosa colcha de momentos
Instantes que dão sabor à vida, frescor à alma
sem ser preciso ir longe para degustar cada parte do cotidiano,
emoldurando a linha do tempo com mais plenitude, mais gratitude,
olhando com mais gentileza tudo ao redor

Escolho a poderosa sinergia do carpe diem, dos inícios e das
delicadezas

Beira-mar sem sol

Leveza. Respiro. Delicadeza. Sensibilização. Leveza
Respiro delicadezas
Leveza respiro
Leveza...
É para cancelar os dias nublados
E mesmo em dias assim,
prefiro mudar o matiz do olhar,
colorindo a retina
Escolho ver além do guarda-sol

Há quem não perceba os poemas no caminho, há
Mas só vê bem quem está desperto,
quem não tem miopia no coração,
quem está perto do sutil

Esquadrinho tudo à volta, respiro, observo
Enxergo delicadezas, guardo o feio e o belo,
os transmuto em versos
Sensibilização
Cancelo a distopia à frente, respiro leveza
Delicadezas libertam da prisão
dos dias cinzas no coração
Respiro
Leveza...

Cultivo flores
em alameda estreita
Para que tu colhas
Não tinha eu espaço
senão nessa ruazinha
de meu coração

Cultivo com cuidado
os brotos e os ramos,
baraços que se enroscam
A terra, o talo e as folhas verdes rego!
As secas podo!
E, à feição de jardineiro,
desfaço contente
tudo que estraga a raiz

Digo baixinho,
ao final da alameda,
embaixo do pergolado,
capturando gotas de sol,
para que tu fiques feliz:
- Um canto de passarinho!
À perfeição de sinfonia divina,
canta junto dele o som que faz o peito meu

Exala entre as pétalas
perfume intenso
na escuta do canto alegre
da cortesia das mãos
do pouso da água (chuva!)
do farol no céu

Flórea avenida
renova este vilarejo
que revive aos pouquinhos
mesmo que eu conserve os espinhos

E para que confies
e entendas, existe sempre beleza,
no escorrer da seiva
quando eu decepo os abrolhos
das flores que cultivo
Para que tu, Alma minha,
nesta alameda estreita
não mais te firas!
E as possas colher!
E sejas, na brevidade desta vida,
e na imortalidade da outra,
perenemente feliz

Pela janela do carro

Sempre gostei de janelas
Elas são, para mim, uma espécie de lente de aumento
ou uma visão do tempo-espaço
E todas as vezes que olho por elas,
lembro de algumas cenas da minha infância
em que eu ficava sonhando através delas, criando mundos de poesia

Janelas me trazem reflexões, eu levo os olhos para a imensidão

Quando eu vejo a vista da janela de um carro,
penso na velocidade em que tudo vai ficando para trás
e faço analogias com as coisas que devo soltar
porque o tempo delas já foi
Resgato de volta a possibilidade de ver diferente o que está ali,
agora não mais estático, mas movimentando-se
para que eu perceba a vastidão de tudo que é possível perceber
Prego o olhar no infinito, transcendo distâncias
Difícil não prestar atenção nas paisagens desfilando diante de mim,
me trazendo sentimentos de completude ao constatar
um novo modo de traduzir tudo que vejo
Observo esse tempo que vai passando,
levando frações das poesias que capturo pelo caminho
para que eu possa enxergar novas perspectivas em novas janelas
ou, quem sabe, redescobrir novas paisagens sob o mesmo ângulo
e compor outros poemas e rimas
Olho sempre com encantamento os matizes que passam velozes,
alcanço bênçãos

Olhar pelas janelas, qualquer uma,
e ver além da obviedade da paisagem me faz entender
que a vida é fugaz, que tudo passa e que ela é extraordinária
quando coloco na retina os reflexos da minha alma
para colher as sutilezas que meus olhos não veem

Sempre amei abrir janelas

O sol veste a minha janela nas manhãs
Aqui tem a bruma do algodão,
o vestido em moldura amadeirada
Tem a luz solar neste meu lar,
tem histórias pra contar,
tem vestígios de amor em todo o lugar

Certas poesias não precisam ser escritas, mas eu escrevo
(Como quando vi poesia nas vívidas flores no vaso em minha sala)

Tudo que vejo, transformo, identifico o ritmo, os versos
(Olhos de ver...)

Tudo que sinto: elucido, transmuto

As linhas da vida, os dons, evolução
(Ouvidos de ouvir…)

Escrevo-me
Torno-me transparente…
Escolho, decido: para o caos da existência, as flores, a luz
Vibração. Passagem
Sigo...

Ouço os poetas, monges, o pulsar do peito

Além das fronteiras, transcrevo
poesias, cartas, crônicas, contos...
Reflexões

Ajusto-me, incorporo, cocrio...
pois que treino o olhar na sinergia do Universo

Das flores no caminho

Flores são poemas
em dias de frio e chuva, como hoje
Também são em dias de sol
São delicadezas, assim como sorrir para alguém
São como uma oração

Mas só vê quem tem a alma em sintonia com o verdadeiro,
com o perfume que extravasa no próprio espírito

Você vê?

Saúdo os passarinhos que vejo pela janela todas as manhãs
Saúdo de bom grado e bem feliz
esses jardineiros que pousam nos galhos
de uma árvore magrinha de tronco frágil,
mas que enverga soberana ao sabor dos ventos
Saúdo a passarinhada que entoa contente
o canto nobre que Deus lhes deu
São a harmônica que penetra
os ouvidos meus, nos dias claros de sol
Como claves que se juntam a outras notas,
mesmo nos temporais,
voam pra longe em revoada e voltam no vespertino espaço do tempo
Saúdo-os porque os amo, cantando
ou no silêncio do banho que fazem nas poças após a chuva
São bênçãos pequeninas de Deus meu!
Afugentam os ruídos que vêm das ruas da cidade onde moro
Afugentam qualquer que seja a distração
que poderia fazer-me perder os sons da revoada de suas asas
Saúdo estes seres que vejo pouco além do muro do prédio meu
Juntam-se em bandos de penas coloridas
competindo os galhitos balançantes no vento
que assobia nos ares a dança refrescante no verão sulino

Deveras, aprecio essas criaturinhas cantantes
alegrando o céu que vejo daqui do meu lar
Ouço todo dia a sinfonia singela que eles fazem
celebrando a vida com que se comprazem
na abundância que oferta a generosa arvorezinha
Saúdo com muito gosto
as asas livres que vejo da minha janela
batendo felizes os penachos no corpinho diminuto
Alegro-me com as suas presenças madrigais
Planando alto, beijando as nuvens
agradecidos por esta vida
Vivem simplesmente para encantar a Terra
e reverenciar o Construtor Divino
que os fez plácidos cantores da liberdade de apenas ser
Saúdo a formosura que Deus e seu Filho
pousaram nos galhos da generosa arvorezinha,
repleta de frutas e passarinhos,
que vejo da janela da casa onde moro
Saúdo esses pequeninos tenores,
alvoroçados no meio das verdes folhas, prontos pra cantoria
Filhos da Divina Criação

Se me sento à janela

Se me sento à janela para observar quem passa lá embaixo,
aproveito também para sentir o movimento do sol na minha pele
Se me sento à janela, olho meio perpendicular, meio reto e meio torto
Porque, para enxergar, é preciso se esforçar
Transeuntes vão e vêm o tempo todo
e me canso da mesmice que todos andam a ser
Mas de todo não é mau dissecar nas horas os passantes apressados,
sem tempo de amar a paisagem

Se me canso, poeta não sou!

Na vespertina hora, deleito-me em fisgadelas
para olhar os cachorrinhos deslizando rua abaixo,
parando de vez em quando pra latir junto aos carros viajantes
Se me sento à janela para ouvir os cânticos lacrimosos das pessoas,
também há de surgir o timbre feliz de um samba ou de uma oração,
porque se atento observo,
há gentes boas cantando as suas bênçãos de servir

Olho esse mundo de verdades que somem nas esquinas
e ressurgem no alvorecer
Eles são filhos de tantas gentes que trafegam por aí
e que talvez até já partiram pros lados do céu
São histórias de amor que vejo à janela,
são instantes de vida que passeiam sob os meus míopes olhos

Não, não me canso debruçada aqui!

Vejo almas indo e vindo a buscar os sonhos
antes de partirem para as constelações
São poemas vivos que andarilham distraídos da própria beleza de viver
Se me sento à janela é para não ser leviana
e sim mensageira da verdade
que meus olhos pequeninos veem, transcrevendo no pensamento
esses poemas caminhantes que ninguém vê

Março de 2020

Desejo que tudo passe logo
Que seja breve a solução
Que os passos sejam livres e o caminhar
seja no compasso equilibrado
Que esse tempo não seja mais solidão
Que a gente siga juntos, misturados,
em risos e mais perto do coração
Que se dê mais valor ao tato, contato
Aos sentimentos do coração
Que o sentir seja empático
Que a gente preste atenção,
veja além, muito além da própria visão
Que o aprendizado seja em uma só oração

Isolamento

É saudade do mar, de um lugar pra acalmar
Quero sal e areia no pé, dias de sol
o voo do olhar
Céu pra enxergar, sem tristezas no ar
De ver todo mundo falar, sorrir e cantar nas multidões
Ser livre lá fora
Peço que venha a cura pra esse tempo passar
e eliminar a distância entre nós

Neste tempo de silêncio
o que busco é contemplar as possibilidades em mim

Aceito e confio, respiro fundo
modifico e agradeço

Este tempo ensina a ser mais como a água
a ter mais fluidez, flexibilidade
Respeito pelo ser

Adaptando, refletindo mais luz, mais compaixão
Contornando o que não pode ser resolvido
aceitando os desafios

É para transformar o horizonte do lado de dentro
É para sentir todos os sons, todos os tons
Ser mais intuitivo, mais coração

Neste tempo, mergulho na consciência, na transcendência
desta imensidão que trago
para a completude, para mais afago
Mais sensibilidade

Eu sou melhor agora
neste tempo, na percepção, no silêncio lá de fora
neste templo aqui que chamo oração

O sopro da ventania
Vai acalmar
Vai levar o mal e trazer o bem
aqui neste lugar
O sopro da ventania
revela a pureza, a certeza
de um outro olhar
Limpa a aura
Renova o matiz do semblante
Vivifica as cores, ameniza as dores

É pela natureza, através dos ciclos,
como o sopro da ventania,
Que a alma cura

Aqui dentro tá tudo rosa, azul, dourado…
Mesmo num dia nublado como hoje
Branco, cinza, preto

Na pele em que habito
todas as cores vivem em total presença,
coexistindo no espaço pulsante em meu tórax
Estou aqui e agora harmonizando tudo
em uníssono carpe diem

No rosto um vento forte
No alto o sol brilha e aquece
Quase nada é perfeito
(sopra esse vento frio do sul)
Aqui, agora, só esse momento
Sentir

Quase nada é perfeito
(sopra esse vento frio do sul)
Os cabelos tapam a visão
Há sempre um quê...

Aqui, agora, só esse momento
Esse viver é único e tem essa luz solar tão bonita
que eu posso ver, sentir

Então aceitar
Nem tudo é possível controlar,
mas posso mudar o foco neste meu enxergar

Tem coisas que representam a gente
Lugares, músicas, livros, roupas, filmes, cores...
Algumas deixam de ser tão representativas
e ficam para trás
Mas tem umas que batem como tambores no eco da alma
e dizem muito mais que a própria boca
São um resumo, uma compilação de fragmentos
que vão sinalizando todo um universo

Bom seria se as pessoas tivessem a sensibilidade de ver

Esquadrinho uma revoada de pássaros quase ao pôr do sol
Contemplo. Medito se há ensinamento
Migração. Flexibilidade. Unidade

Se olho com o coração nu vejo mais longe
E se este pulsar do peito souber enxergar,
compreendo os recados

Um coração alinhado vê melhor
Contemplar é a pausa para ler além de nós

Ressignificar...

Me visto com as flores que encontro
Revejo os dias livres quando olho para o céu
A natureza transpassa a vista em cores
e o coração transborda sentimentos bons
E aqui dentro existe uma voz que grita pro mundo
que o amor é tudo e só o que devo compartilhar

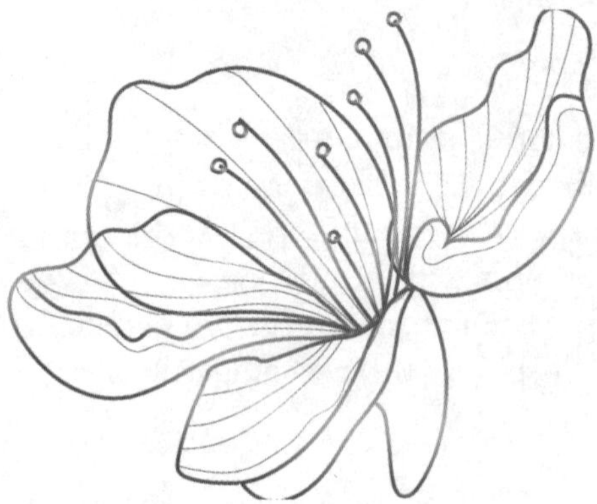

CAPÍTULO 3

Desejos, Memórias e Afetos

Ver a beleza dos outros
sem duvidar da sua
Ser a essência do seu matiz
Amar as suas cores
Experimentar novas paletas dentro de si
Abraçar-se. Amar-se

Minha criança

Na praça do meu sonho
existe uma grande incidência de sol,
uma profusão de luz que se espalha pelos arredores
Mas é uma luz refratada em cores,
distante da força que queima a pele
Ali, encantada com a aura de alegria do lugar,
descansa no banco maciço de madeira,
a criança fugidia do meu interior
Olha atenta os movimentos sutis das flores
e se aproxima, afoita, mas devagar,
dos canteirinhos com cerquinhas de metal em formato de meia-lua
Chega perto pra ver melhor
as pétalas amarelas que vão, devagarinho,
se virando ao clarão que vem do alto
Sinto, neste instante, o coração de minha menina
pulsando como eletricidade em dia de chuva
Ela via a alma da flor!
Via insetos e tantos outros seres, deste e de outros mundos,
em sua distraída fabulação
Tudo à volta era interessante
e cabia dedicar todo o tempo do mundo a tudo
Corria as janelas da alma pelos campos da vida e da imaginação,
e solta como balão de gás, surgia na praça
ou em qualquer piscar de olhos
Escuta as nuvens se movendo,
levanta como gigante e age como o passarinho que rodopia no ar
Como se dançarina fosse, baila desajeitadamente,
no instante da revoada
e vê a trilha de amigos fazendo desenhos mil

Na praça do meu sonho
vejo-a agora esquecida das coisas desenfeitadas
Trago-a pra perto de mim e rasgo todos os véus
que um dia a impediram de escalar o abacateiro,
sim, nesta praça tem mais de um,
e tem limoeiros e pereira, bananeiras e goiabeira,
pé de manga que nunca "deu" manga, laranjeiras também
Tem profusão de folhas, na verdade, sombra que esconde o sol a pino
Minha menina agora sobe todos os galhos, mesmo os espinhentos,
até a ponta mais alta, na carona dos braços dos seres verdes
Vê lá de cima a aura da praça crescer, crescer...
Se diverte no balouçar do vento
Do vento agarra os contos musicais, assoprados nos ouvidos,
deixa-o secar a água escorrida no corpo cheio de sal
No vai e vem das brincadeiras,
sempre percebia todas as possibilidades de gargalhar,
de guardar os segredos das fadas no fundo do seu olhar
Nos verões desta tenra idade, sentia o refresco que jorrava da bica
de água cristalina e do banho no pequeno açude
Sim, nesta praça, isso tudo existia

Construía estradas e cidadezinhas na terra,
talhava casinhas com as próprias mãos,
tinha o dom da mais simples arquitetura
Todos que ali iam morar, tinham uma felicidade singular

Tudo germinava e crescia, nada era feio, tudo era bom e belo
Riscava o paralelepípedo formando retângulos e pulava como o Pererê,
atirando a pedrinha, acertando o alvo
e depois começava tudo outra vez
Nos dias de terra molhada,

espirra a lama nos pés feito confete de carnaval
Povoava na existência um desfile de histórias alegres, leves,
longe de todo o mal
Costuradas com toda a pureza, bordadas com a certeza
de serem mágicas e reais

A praça do meu sonho é minha casa de sabedoria
Que invenções tão possíveis nestas lentes infantis,
dessa alma pequenina, que soltei do peito, da vida guardada,
sem rumo, grudada no tempo detrás
Ficou um tempo escondida a minha criança,
superprotegida, enclausurada, com medo dos vendavais
Livre em dia claro de sol, livre sob o cuidado da lua,
desembaraçada no firmamento, empinando uma pipa,
abre seus finos dedinhos e liberta o barbante pro céu,
deixando tudo voar para o infinito...
Desapega do que a escondia

Na praça do meu sonho,
minha menininha não se inibe mais

Aos amigos

Amigos verdadeiros
São aqueles que sentem a tua dor
e a tua alegria
mesmo do outro lado do mundo
Te buscam nas esferas fronteiriças da Terra
Mesmo a longas distâncias
te trazem pra perto
Enchem o teu coração de boas palavras
quando, nas circunstâncias da vida,
pedes colo e amparo
Te colocam dentro de uma aura
sublimada por estima e amor
No altar do peito,
sopram o sentimento carinhoso
do querer bem
não importa onde estejas e nem como estejas
E quando a quantidade de quilômetros
e mesmo a um passo
sintonizam com a tua alma, ouvem a tua voz,
te trazem de volta

Te buscam para reviveres

Desejos para Gabi

Sempre que a folha do calendário vira para ser o teu aniversário
o melhor sentimento me abraça
Ai, que bênção celebrar a tua vida!
Celebro-a em todos os movimentos que fazes
Das muitas 'capturas fotográficas' que guardo de ti
em diversos momentos, peguei uma que traduz,
em minha retina, a energia que te desejo
Ela é bastante significativa e conserva a aura de um ensejo bom
em uma memória repleta de fios incandescentes de alegria,
onde tudo fluiu amorosamente
Como a bruma dos sonhos, essa imagem traz consigo
muita paz e delicadeza, um movimento que eleva o teu espírito
na pauta da realização, do sorriso para si mesma,
por estar de bem com a vida, plena,
como que a se encantar com tudo à volta
Que essa energia sempre encontre o teu coração
e que a tua marca no mundo seja definida pela generosidade
inerente ao teu ser
Que polvilhes em tua caminhada força e coragem
na busca pelos sonhos, mas não esqueças de se permitir
parar sempre que precisar e deixar ir tudo que for preciso
Quando, por alguma circunstância da vida,
a tristeza te amarfanhar o peito,
tu tenhas perto de ti amigos verdadeiros,
leais escudeiros, que te acolham em gesto afetuoso
E quando não encontrares acolhimento, não te demores, segue,
mas antes, lembra de fazer uma oração sincera e cheia de luz
Se teus olhos molhados ficarem,
que tenhas sempre alguém para secá-los

Que rezes antes de dormir
Que vivas os romances que a vida te trouxer
Torço para que eles sejam bons
Desejo que encontres um grande amor e que ele seja um porto seguro
de virtudes e companheirismo e nas dificuldades,
apoiem-se mutuamente
Desejo que vivas muitas aventuras e que elas sejam saudáveis,
te fazendo flutuar em risos de felicidade
Que o sorriso em teus lábios chegue, ao mesmo tempo, no teu coração
e que possas gargalhar intensamente até a barriga doer!
Diante dos desafios, encontres em teu âmago, a fé inquebrantável
Que escutes sempre a tua intuição
Estejas em contato, sempre que possível, com a natureza e a respeite
Ajudes na preservação do meio ambiente,
fonte da prosperidade e bondade do amor pleno do Criador
Que tu sempre lembre de agradecer
porque a gratidão é ancoradouro da abundância divina
em todos os aspectos da experiência humana
Sejas grata por tudo, pelas bênçãos e pelas desilusões
Que nos percalços de tua jornada, nas rotas mal escolhidas,
aprendas as lições
Sejas sempre aprendiz, busques discernimento. Isso é sabedoria
Que tu sejas, sobretudo, agente da empatia e da solidariedade
Que compartilhes os teus conhecimentos àqueles que necessitam,
mas não distribuas as tuas 'pérolas' a quem não te valoriza
Que tenhas paz de espírito e a consciência tranquila
Que teu trabalho te deixe feliz e realizada
Que coloques a 'mão na massa', tenhas atitude e de vez em quando,
deixes a quietude te visitar. Pare para contemplar
E nos dias de solidão e cansaço, isso acontece às vezes em algum
momento, tu feches os teus lindos olhos, como nessa foto,

para perceber muito mais as bênçãos que tens
Que não esqueças de Deus
Que sejas resiliente (sei que já és)
E que, apesar de qualquer coisa, lembres de estender as duas mãos
Sempre as coloque em frente ao teu peito
e sejas a saudação da luz em cada um
Sejas prudente, mas se por acaso não fores, isso é natural e humano,
tu consigas encontrar alento e solução. Sempre há solução
Que tu busques o autoconhecimento, medite
e que avances nos campos da espiritualidade consciente
Que tu perdoes as nossas falhas, minhas e do teu pai
E quando a bússola do tempo nos separar
— porque deves conquistar o mundo
e porque nós devemos seguir o curso da existência —
tu sintas em todos os segundos dos dias, meses e anos,
o sentimento que vibra incomensuravelmente em nosso peito
e que esse sentimento de amor te guie
e te sustente na imensidão que é viver

Que todo sentimento bom que receberes ao longo de tua linda vida
tu guardes como valioso tesouro
e, assim, entesourado em tua alma, como ponte de afeto,
tu possas espalhar o amor que brilha em ti

Com amor, tua mãe

Desejos para o meu par

Neste dia percorro o tempo e meus olhos ficam marejados
Ficam porque o tempo abriu "alas" para o encontro de nossas almas
e elas reconheceram-se e entrelaçaram-se como um lar antigo
E o formaram outra vez...

Um sorriso incontido molda a minha boca quando recordo
as nossas experiências porque elas demonstraram fortaleza e resiliência
e em todas foste fundamental, uma espécie de farol...

Eu poderia tecer uma escrita cheia de todos os adjetivos
do vocabulário, mas isso seria exagerado
e não compõe o combinado noutras esferas, seria irreal
A nossa experiência é para enxergarmos um no outro o que exaspera
e acreditar que o amor vence as nossas "marras" e defeitos
Acredito sem titubear que vencemos
Tens o dom da doçura e da coragem e em teu coração brilha constante
uma grande bondade

Possuo no peito mil desejos de sempre ver a linha de teu rosto
fazer a curva que revela felicidade
Sei que a vida nos contempla com vicissitudes
e haverá os instantes sem cor,
então apenas enviarei um pensamento forte, vibrando intensamente
para que guardes os bons sentimentos que mantiveram
a curva de teu rosto em linha ascendente
Assim, para quando vierem as coisas difíceis deste mundo,
possas abrir a tua caixa de pandora bem no centro de teu tórax
para deixar as centelhas de luz re-iluminarem a tua jornada
e seguires confiante e determinado

O que manteve teus lábios como um lago sem os reflexos do sol
guardes, no mesmo lugar, com a sabedoria da gratidão
porque sabes é aprendizado

Hoje é dia que tua estrela rompeu o céu para nasceres novamente
e de todos os desejos, desejo-te saúde e paz e que regues o teu destino
com esperança e fé sob o firmamento do amor

Com carinho, teu par

Para o meu amor, Marcelo.

A menina dos olhos meus

A menina dos olhos meus
vem devagar, balança a cabeça e bate o seu pé
Com um sorriso maroto me diz não
Ai, menina dos olhos, guriazinha teimosa
Me tira do sério!
Ai, menina dos olhos,
cantarolando todo dia a mesma canção
Correndo, pulando, chorando ou sorrindo
toca de mansinho o meu coração
Ai, menina dos olhos,
me surpreende de abraços, me enche de afagos
Ai, menina dos olhos,
a cada dia que passa, palavreando ligeira, me dá lição
Ai, menina dos olhos, que me ensina a viver
entende depressa que tempo não dá pra perder
Ai, menina do olhar dourado, do riso travesso,
do cabelo comprido, de saia bem curta, que anda descalça,
de alegria constante invade o meu sentimento!

A menina dos olhos
chega faceira, me fala contente,
em sussurros brilhantes seu amor colorido - poema divino
Ai, menina cheirosa, perfuma minha alma
Fada encantada, sussurra de novo
Que dádiva, te vejo crescer!

A menina dos olhos inventa nossa história
conta poesia para, em seu mundo, a gente se perder
Ai, que amor, que sonho, tudo em você me encanta
Menina, te amo!

Escrito para a pequena Gabi.

Quem te dá colo, mãe?

Quem te dá colo, mãe,
se teus afetos que te abençoaram a vida já partiram?
Se o abraço de aconchego de tua mãezinha
encontra-se além de teu alcance?
Se o conselho que esperas está emudecido?
Se o olhar fraterno que te aliviava a face
viajou para as dimensões ainda inalcançáveis...
Se o silêncio daquele amor que contemplava tudo que precisavas,
sem nenhuma censura, aplacava a tua carência e tuas dores,
que te acalmava o peito e te acolhia com ternura,
foi plantar flores noutros jardins...
Quem te dá a palavra que acarinha a alma
em teu pranto nas noites e dias de saudade dos teus amores?
Nos instantes de aflição e cansaço, queres canção, chá quentinho,
alguém que te veja de verdade e te coloque para dormir
com um doce beijo em tua face
Queres, mãe minha, ternura que te alcança as mãos
para sentires o calor amoroso do toque que alivia a tristeza
Quem te aquece o coração nas noites sem sonhos?
Mãe, alva alma de doação pura!
Tua frondosa coragem, que tudo suporta,
sofre calada nos dias de frio, pensando nos filhos
Reza baixinho a reza de amor
Pede a Deus tudo de bom para os seus e o mundo
Distribuis abraços e cuidado em tudo que fazes
e só o que pedes é união

Invisível, deita triste às vezes,
por longe saber-se de suas crias e do afável enlace de tua mãezinha
Sentes falta do afago em teus cabelos de algodão...
Mãe, não temas os dias, nem as noites ou as tempestades
Sei, sentes falta do abraço apertado de tua mãezinha, do colo por nada,
do cafuné, dos quitutes feitos especialmente para ti e teus irmãos
Quem te dá colo muitas vezes, mãe, faz prece incessante lá no céu,
afaga tuas madeixas em toques sutis e, em inspirações luminosas,
te guia para seguires na fortaleza sublime do amor maternal
Em todos os passos que dás, mãe amada,
Maria vem te cobrir de consolação
Ela te cobre com seu manto brilhante e te envolve em clara luz
Sei, mãe, que queres a presença de tua amável mãezinha
no doce encontro dos corações
Compreendo-te em profundidade, pois que almejo também,
nos dias de solitude e incertezas,
o teu acolhimento e teu colo sempre gentil
Daqui afago tua fronte e sopro minhas orações à tua aura,
te acolho e te cuido
Amo-te ao infinito, muito além do céu

Para o meu pai

Penso nos teus cabelos finos, menos que fio de linha para costurar,
que transitaram em cores e agora são como as nuvens
e flutuam no céu dos meus olhos
Quantas noites estes fios te guardaram os pensamentos amarfanhados?
Tuas mãos antigas, redesenhadas pelo tempo,
seguram hoje os livros para você sonhar…
Antes elas construíram as pontes para o teu descanso
e caminhos para os amores teus...
Sustentaram a vida no reboco salutar da sobrevivência
Quanta arquitetura elaboraste marcando os vincos de tuas mãos…
Que saudade tinhas da casa de criança, nos moinhos da tua infância...
Teu corpo jovem abraçou o tempo bravamente
e as intempéries de tua jornada,
transformando a tua musculatura em fortaleza para atravessar o viver
As rugas que emolduram a tua face
são os troféus de tua resistência e coragem
Onde colocaste o teu coração nos dias de tempestade,
nos invernos de teus anos?
Quem te secou as águas de sal de tua alma no repouso da noite?
Longe do colo maternal, do aconchego caloroso do olhar de mãe,
da mão do pai, fundaste a existência em outra querência

No pátio do sacrifício, no exílio natal,
amaste a bela moça de madeixas longas e negras,
escreveste em letras miúdas uma carta de amor,
e junto à moça, fizeste crescer outras vidas,
a minha e a de meus irmãos
Nesta construção de lutas e de encanto, primavera e frio,
sob sol castigante e geada cortante, argamassa e livros, exaustão e risos,
horas de entrega absoluta tecendo a tua história,
guardas entesourado no peito a fundação sólida da fé
Ofertaste o que podias, sabias e aprendeste
Nas páginas do dever cumprido: a entrega, o amor
Venceste, pai!

Poderia simplesmente dizer "te amo", mas eu quis te escrever

Distância

Ah, mãezinha,
a saudade apertou hoje
Saudade do teu jeito colorido,
da simplicidade do teu ser
Eu queria passar o dia dentro do teu abraço
Queria te abrigar no meu abraço também
Queria ouvir as tuas histórias e como foi o teu dia
Queria te ver contando cada pequeno
cuidado que fizestes no jardim,
quantas plantinhas floresceram...
Queria sentar à mesa pro café
Sentar lá fora pra pegar sol contigo
e te ver ir e vir a todo instante
pra ajeitar alguma coisa
Eu queria passar o dia perto do teu coração
Olhar as marcas em teu rosto
e ver que a tua alma brilha em teus olhos
me trazendo o melhor afeto
Eu queria agora ouvir o teu riso

sempre a me dizer que apesar das dificuldades
é nele que repousa a certeza da vitória,
a graça de viver
Que apesar do cansaço e da solidão de alguns dias,
tudo passa no espaço deste teu querer
Mãezinha,
hoje eu estou perto pelo sentimento de amor
que me entregas em tuas orações
e em troca, minha reza se realiza em gratidão
Agradeço pela vida, pelas lições
porque sou tua filha e tu és o meu anjo doce
nesta imensidão do teu amor
Te amo

Obrigada, mãe, por todas as tuas preces, conhecimento e gigantesco amor

Escrito em 2020, primeiro ano da pandemia.

Reza de amor

Na cápsula deste tempo toquei três corações distintos,
vidas que me circundam nas esferas de meu DNA
Capturas de histórias, existências de outrora
Caminhos entrelaçados nas eras
para a ancoragem de afeto, risos e reconciliação
Cuidado, compreensão, remissão

No fio de amor tecido por nossos pais para o nosso reencontro,
no portal do coração, releio este meu livro da vida

Lá no início, no pátio da casa grande, nas horas da infância,
no sobe e desce da escadaria à porta com vitral,
as brincadeiras e traquinagens inundavam o meu solo
num plantio fértil e irrestrito de lições felizes
No alto do abacateiro, os olhares presos nas limas de nossa vizinha
Na perfeição das horas de verão
os banhos de mangueira com gosto de mar e riso frouxo
O vai e vem dum balanço, amarelinhas mil,
pular corda até cansar, fabricar pipas...
Conversas aleatórias, conversas sobre amores e dissabores,
a vitrola das emoções
Histórias segredadas aos meus ouvidos à porta do quarto de dormir
Viagens de ônibus, a casa dos avós,
depois torrar no sol, implicar um com o outro...
Em meio às cinzas vigora a união de nossos pares de mãos, juntas,
entrelaçadas, na reconstrução das pedras do meu novo alicerce,
num sábado sem sol
As descobertas de caminhos, dos espinhos,
das responsabilidades e do avançar dos anos
Busco constantemente esses capítulos nas lembranças de criança
e na precisão do agora
São como hinos de amor

Há o compromisso em meu peito de arrebatar esses laços de afeto
e deixá-los para sempre morarem no largo que rasga o meu rosto
Amo-os em profundidade, mesmo no desalinho das palavras,
nos versos não cantados no universo de nossos olhos,
nos idos das idades juvenis e da maturidade

Nos desencontros observo mil lições,
filtro as frações dos dias iluminados
para guardá-los em meu relicário, como raros tesouros,
cada qual com suas peculiaridades, belezas e brilho

E mesmo que a bússola do tempo, algumas vezes, tenha nos levado
a caminhos pouco confluentes e as distâncias que guardam
as nossas jornadas tenham permeado outros horizontes,
os laços que nos seguram emergem sempre,
em qualquer circunstância, transbordantes de amor
e renovam a aura que nos cobre

A cada um desses meus três afetos desejo a alegria do inefável,
a constância dos risos, os dias preenchidos com paz,
a sintonia da fé, a sabedoria do despertar,
a ternura dos momentos pueris de nossa meninice,
abraços bem apertados, os sonhos alcançados

Oferto a minha reza de amor, fagulhas de luz
que se desprendem de meu centro, como pequeninas estrelas,
para povoarem a constelação do nosso universo familiar,
perpetuando a chama da afeição na trilha do infinito,
contínua e incomensuravelmente

Para os meus irmãos Alberto, Lisete e Edson.

Nobre Dama

Tu és dama
da noite, do dia, céu, jardim
Dama no colossal salão dos teus próprios olhos verdes
Rodopias em valsas a sorrir,
leve em teu longo vestido de renda "guipir"
Cintura marcada em laço esmeralda
Cabelos de sol, amarelo como os lírios do campo,
adornados com diadema de pérolas
Sempre amaste ouvir as orquestras e menestréis
e dançar as variações musicais
Cantas no palco da alma,
em voz melodiosa, belas cantigas,
canção de ninar, poesias, oração
Romance de Amor!
Suaviza as tristezas em voz aveludada de afeto
Mas é no cintilante verde de tuas janelas
que encantas a vida a bailar
Sempre em festa!

No anfiteatro de teus olhos, brilhantes como estrelas,
guardas a alegria de teres feito tudo que podias
no plantio de tua existência
Incansável em busca do caminho espiritual
Sementeira em vasos mil!
És nobre dama a desvelar no espírito, a cura
Guardas entesourado em teu âmago
a mais pura luz da generosidade
Caminhas liberta de tudo,
não cantas mais nenhuma música tristonha
Vives "presa" ao infinito amor do Pai
Partiste para as constelações, nobre dama,
para amar ainda mais e segurar em tuas abnegadas mãos
os afetos sob teus cuidados
Cantas os sons angelicais
das rezas que levas em teu coração

Poema escrito para Marly Possapp Ache, extraído de uma carta poética que dediquei a ela no seu aniversário. In memorian.

Lia

Vejo teus olhos da cor do manto de Maria rasgarem o infinito
sobrepujando distâncias e intempéries
Como as águias que mergulham no azul do céu
à procura do que lhes alimenta
e, robustas e sábias, perscrutam os movimentos com paciência
Vejo-os como resquícios do afeto
a vaguearem na busca constante por espaço e abraços
Das águas que por eles saem, existe o lampejo da vida
lavando o tempo, sobrevoando o cosmos das preces e mantras,
sacralizando o destino com suas marcas profundas para a evolução
Vejo o mar límpido e transparente dentro deles,
te levando para o oceano de teu ser original
Vejo neles dois sóis índigos,
nascidos das profundezas dos matizes de tua cristalina e brilhante
mônada, navegando para o princípio, o lar de teu espírito
Em tua íris trafegam o selo das divindades que buscas nas montanhas
altas e brancas
Nas cavernas incrustadas nelas, a bússola que aponta o equilíbrio

Há o sol, o breu, a chuva torrencial e o brilho lunar
Noites desnudas de estrelas e risos
Dias desfeitos, rarefeitos de luz
Cânticos de saudade
Há também a valsa alegre, o peito preenchido de brisa refrescante,
o tilintar dos sinos, o gongo, o som do orin
Neles refletidas as contas orientais de tua reza
a rolarem entre teus dedos, as súplicas, os medos, fragilidades e paz
Vejo o teu semblante sereno no timbre laríngeo a recitar o som da
salvação fazendo o circuito entre as tuas pupilas
Há refletida a roda do dharma nos olhos da alma,
revelação da senda que te guarda

No poente das dimensões, a ponte de teus olhos
desvela o trino no centro de teu tórax
Vejo neles a força que ilumina o atol dos teus aprendizados e dores
e, mais além do matiz de intenso turquesa de tua face,
ouço a anunciação do amor que te cobre
na jornada de tua linda existência

Na navegação que mira o teu anil olhar
existem inúmeros faróis no firmamento e dentro de ti
a te iluminar

Elas duas

Elas duas sempre encontram mil motivos para brindar
Faça chuva ou faça sol, elas duas me puxam
Sacodem os instantes em ritmo compassado,
na trilha das risadas e histórias diárias
Nossos laços romperam as horas do relógio
e se estreitaram com o passar dos anos

Neste espaço-tempo, nos abraços na chegada, na dança das taças,
no som de nossas conversas noite afora
Fazemos nosso rito de celebração e, por vezes, rimos sem parar
até o dia despontar
Tagarelamos sobre nós, nossas famílias e tudo que norteia o nosso tudo
No limiar do afeto, na escuta do coração
Elas duas ocupam um lugar querido no meu peito

Os laços cintilam como a luz que inicia o dia
e se estreitam no bem querer de alma para alma
Tudo se solta mais leve na curva de nossos sorrisos
Brindamos a tudo que vem para elevar, festejamos

Amam sem medida os encontros à volta da mesa,
nos sofás da sala ou na casa à beira-mar
Diferentes e tão únicas no jeito de falar, pensar, rir e se manifestar,
mas ao mesmo tempo tão parecidas
quando espelham o amor em suas vidas
Polvilham a sua essência carimbando os dias
com a cumplicidade de quem entende
que a alegria é geradora da alquimia do bem viver

O mantra do nosso afeto repercute na voz dos nossos corações,
dizendo sempre, apesar de qualquer coisa, viva la vida!

Existe o brilho delas duas na constelação de minhas histórias

Para Ro Becker e Le Dubal, desde quando as crianças eram pequeninas.

Para Miguel

Miguel,
tua luz resplandece no céu
e teu espírito renasce outra vez
em outra verdade a te amparar na luminosidade estelar
Mostraste ao mundo espelho para pensar
e na inocência confiaste a vida na Terra
em caminhos de amor para trilhar
Pequenino de Deus,
abrigas em teu coração
a joia rara da redenção

Confia,
pois, que anjos tecem asas angelicais em teu espírito
para que possas viajar pela Via Láctea,
pelos planetas e constelações,
iluminando a noite, colorindo o dia
e reviver nos jardins celestes
em brincadeiras siderais

Miguel,
menino-luz, teu riso ecoa no espaço,
acima das nuvens, e nada te fará chorar
Maria te deita ao colo, afagando teus cabelos,
cobrindo tua face de doçura, acendendo teus olhos de ternura
És forte, luminoso
Encantas agora a imensidão divina

e, Miguel,
corre, flutua, canta alegre
que o teu anjo, guarda de amor,
te encaminha até os braços de Jesus

Minha reza não é só para você, Miguel
Que a tua luz ilumine todos os outros

Miguel Otávio Santana da Silva tinha 5 anos de idade quando caiu do 9º andar de um prédio de luxo em Recife, no dia 2 de junho de 2020.

Conselhos ao coração

No céu de teu destino, brilha a tua alvorada
Sondas com intensidade a verdade de teus caminhos
e lá, no horizonte de tua alma,
te espera o beijo da vida, o brilho do diamante
Estes se encontram já na tua colheita
e é por isso que teus olhos miram a ventura de ser livre, ser
Neste teu rico processo de ir,
vá com o coração e mesmo que, ali onde vais,
tenhas que te curvar para enxergar, a abóbada que te cobre
te emana o quentinho do sol das manhãs de primavera
É o amor que te espreita e te acolhe
Levas entesourado em ti muito além do conhecimento que ensinas,
esculpido na forja da prática, da excelência inerente ao teu selo
Levas as lições que dali extraíste, o motor que te impulsiona
Neste lugar em que caminhas agora existe a essência dos inícios
e ele te contempla as experiências que esperas
Não duvides do chamado de tua alma, apenas vá
Tens suficiente bravura e alicerças em teu âmago um nobre ideal

Ande muito, observe
Pause, inspire o sonho, contempla
Escreva um diário
Aprecie o teu próprio ser, lembra de dar a ti mesma tempo, diversão, cuidado e afeto
Senta-te sob a tua flor de lótus, perfuma-te
Deita-te na terra, mergulha nas águas de aí
Deleita-te profundamente

Sorva sem pressa as vias que te levarão ao que o teu coração anseia
para só assim encontrares o sumo da essência que buscas

Para Luciane, que foi viver um sonho na Tailândia.

O rio de dentro

No rio de dentro dos teus olhos
encontram-se as profundezas de teus bonitos matizes
Cada um deles revela a solidez de tuas virtudes
Cintilantes como estrelas, intensos e infinitos
No teu rio de dentro escorre a água de teu ser eterno
para o oceano de tua experiência
Tuas águas de sal descem límpidas e puras
para o teu templo pulsante de amor e beleza
São curativas
Teu corpo é receptáculo de luz para devolver ao teu eu sagrado
toda a magia de tua imensidão solar, rememora...
Ele é brilhante como a lua cheia a iluminar os teus passos
na jornada que te inunda a aura
Vá com confiança de encontro ao teu destino
Sabes que em teu caminho a chuva que molha teus átomos
germina na terra da tua existência
o teu tesouro peculiar e extraordinário
No rio de dentro dos teus olhos
existem carpas douradas trazendo vida e fulgor para o teu horizonte,
ali adiante
Teu rio é rico e corre soberano pelo cosmos dos teus olhos
e traz à tua doce e bela alma o teu poder de filha e de mãe
De tuas prestativas mãos emanam o calor dos sábios
e a delicadeza do perfume das rosas
Teu sorriso evoca a luz das deusas ancestrais
e tua voz ecoa na aurora de todas as tuas vidas
para dizer-te que o rio de dentro dos teus olhos
é abundante, vivo e vasto
e percorre o teu lindo coração de menina
trazendo-te a tua força humana, sutil e feminina, infinda
Perceba, tudo em ti transita em graça, é fonte de amor

Para Rejane Matos, que desperta em mim o perfeito sentimento da generosidade.

Para a artista Lisi Wendel

Quando capturas as páginas em branco
Primeiro foi em teu coração que o encantamento nasceu
Transcendes para este espaço o teu ser universal
Transferes o eu sublime que habita em ti
para a trilha despida de cor
Transmutas o vazio em formosuras de olhar
Como mágica, tuas mãos transformam
riscos em traços poéticos,
rasgando o branco com tua sutil delicadeza
Sem perceberes, pulverizas tuas artes
com as fragrâncias das flores de teu espírito
Aninhas vida nas linhas sinuosas, retas, singulares
És poetisa da sagrada tarefa
de ser amor em todos os ângulos,
matizando as páginas em branco com tua gentil essência
És toda transcendência, sinergia
Tens pacto com a beleza divina
As janelas de tua alma
definem os movimentos da dança dos pincéis
e desenham um pouco de Deus

Dedico também a todos que transitam no maravilhoso mundo da arte.

Para a moça do sorriso largo

O teu sorriso é maior que toda lágrima
Mas a lágrima limpa, faz evaporar tudo
A lágrima é para transcender a dor,
olhar pra dentro e fazer refletir
Ela acumula as emoções que trafegam pelo ser,
para então deixar ir embora...
Ela é necessária e amiga
Limpa o fluxo que a fez brotar
Depois dela, sempre vem a claridade,
se o teu olhar alcançar o alto do céu,
porque de lá descem cascatas brilhantes de luz
para te consolar e te inspirar força e fé
Enxergar a própria verdade
Tudo vem para ensinar. Fixar, soltar
Lembrar para onde se deve ir, onde está o coração
Teu sorriso é maior que toda lágrima
porque ele é pura luz que vem do centro de teu ser, eterno e sagrado
Guardas em ti um grande tesouro que ilumina outras almas
O teu sorriso é poema que formoseia a face e desfaz os nós

Aline

Aline, Aline! Entrega-te!
Teu sorriso é a moldura da vida,
a luz da candeia,
a ponte para a lua,
o nascer ensolarado dos dias!

Aline, Aline! Vai inteira!
Reflete o teu riso
e corre descalça à beira-mar!
Em qualquer lugar espalha cor!
Nesta curva de teu rosto
é onde está a morada do viajante,
a alma da estrela mais alta,
o segredo da vida!

Aline, Aline! Ilumina!
Irradia a graça de ser,
a leveza da brisa,
afetos e bem querer!
Mulher aguerrida,
"fuerte", menina moleca,
solta teu verbo da boca,
corteja a luz do sol,
dedilha no destino
o farol de teus lábios!
Teu sorriso é porta que se abre,
é festa, café e champanhe
Aurora, poema, canção!
É lar!

Nós dois

Somos a soma das frações que cada um leva dentro de si
Frações de todas as experiências vividas e aprendidas
Partilhamos
Porque os relacionamentos não devem ser unilaterais
Aqui cada um tem que ceder um pouco
Aqui somos multicoloridos,
pintamos a nossa tela da vida com muitos matizes
e o charme dos tons em preto e branco
Somos a soma dos sabores que experimentamos
Somos a soma dos saberes que absorvemos
e doamos para nós como indivíduos,
e como dois seres que se ajustam para conviver bem
Não escondemos um do outro a própria indefinição

Encaixe

No espaço entre meus dedos
a tua mão se encaixou
Juntos fizemos o poema mais preciso e puro
- nascido do amor
Somos almas afins

No lampejo do tempo - a nós concedido -,
alçamos à vida alguns milagres
Na subida e na descida,
nos degraus dessa experiência
multiplicamos a coragem,
varremos o pó, as cinzas

Vimos o sol deitar
Vimos o sol chegar
Vimos muitas luas

Me deste colo, te dei também

Nós

Somos feitos de diferenças
Somos feitos de divergências
Somos feitos de opiniões distintas
Somos feitos de resiliência
Somos a soma de nossos temporais

Somos a soma de muitos abraços,
de suor e êxtase
Somos feitos de risos
Feitos de celebração e cumplicidade
Reflexos de maturidade
Somos feitos de ajustes
Somos a soma dos nossos corações

Somos feitos de muitas histórias
Somos feitos de muitos encontros,
de muitas folhas de calendário
Somos feitos desse tempo
de muitos sóis e de muitas luas
Voltas e voltas em torno das horas

O tempo é para o amor
Amor é esse tempo da gente
Somos feitos de nós

Às Mulheres

Penso na ancestralidade feminina
Mitologia, Idade Média, passado, presente

Mulheres

Medito sobre o legado, a herança, o saber compartilhado
Os erros, os acertos

Penso no sacrifício, nas dificuldades ante o paternalismo,
na dor da ama negra amamentando a criança branca,
no leite escasso para a sua, escrava...
Penso na subjugação, na ausência do direito à instrução...
Violação...
Penso nas jovens e anciãs na fogueira da inquisição, curandeiras,
nas bruxas de Salem...
Penso nas mães e seus filhos atravessando fronteiras,
fugindo da guerra
Penso nessas mulheres refugiadas com seus rebentos, s
em o seu lar, alimento escasso
Penso naquelas culturas em que elas não têm
direito ao prazer, mutiladas
Penso naquelas que ousaram usar calças, ousaram trabalhar,
nas operárias das fábricas, na marcha pelo direito ao voto
Nas que foram livres, donas do próprio nariz e do corpo

Penso nas anônimas

Alcanço o vórtice dos portais que nos arrancaram da escuridão,
nestas "moças" atrevidas na arte, no ocultismo, esoterismo, religiões,
na medicina, na política, na filosofia, educação, ciência...

Hera, Afrodite, Pallas Athena, Réia, Vênus
Amazonas. Deusas. Rainhas. Ninfas. Princesas
Donas de casa

Letradas. Analfabetas
Penso na abertura de caminhos, pioneiras, conhecidas ou não

Helena Blavatsky, Marie Curie, Virginia Apgar, Florence Sabin,
Nise da Silveira, Eva Pierrakos, Ada Lovelace, Nhá Chica,
Coco Chanel, Hildegarda de Bingen, Leila Diniz, Joana D'Arc,
Maria Montessori, Irena Sendler, Hannah Arendt,
Gertrude Belle Elion, Shirley Jackson, Imperatriz Leopoldina,
Florence Parpart, Indira Gandhi, Frida Kahlo, Cora Coralina,
Anna Nery, Maria Augusto Generoso Estrela, Anita Malfatti,
Rosa Parks, Bertha Von Suttner, Anita Garibaldi, Mary Wollstonecraft,
Rosa Luxemburgo, Maria Firmina dos Reis, Jane Fonda,
Laudelina de Campos Mello, Mileva Maric, Jocelyn Burnell,
Caroline Herschel, Rosalind Franklin, Margaret Heafield,
Hedy Lamarr, Virgínia Bicudo, Eva Perón, Santa Catarina de Sena,
Clarice Lispector, Jazimba Gaba, Dandara, Mercedes Batista,
Antonieta de Barros, Carolina Maria de Jesus, Teresa de Benguela,
Ermance Dufaux, Irmãs Baudin, Paraguaçu,
Maria Tomásia Figueira Lima, Tomoe Gozen, Juana Inés de la Cruz,
Maria Lenk, Clara Schumann, Valentina Vladimirovna Tereshkova,
Abigail Adam, Anne Besant, Maria Odília Teixeira, Tu Youyou,
Princesa Isabel, Myrthes de Campo, Alexandra David-Néel,
Khandro Rinpoche, Chiquinha Gonzaga, Mahapajapati Gotami,
Anne Frank, Simone de Beauvoir, Maya Plisetskaya,
Helena Rubinstein, Virginia Woolf, Harriet Tubman, Tia Ciata,
Celly Campello, Angela Yvonne Davis, Maria Dolores, Meimei,
Auta de Souza, Stamati Revithi, Cecília Meireles, Vandana Gopikumar,
Najla Al-Sonboli, Sister Rosetta Tharpe, Bibi Ferreira, Palmira Gobbi,
Charlotte Cooper, Alice Baal, Aída dos Santos, Maria José de Castro,
Elizabeth Arden, Maria João de Deus, Cidália Batista, Lady Diana,
Sofia Ionescu-Ogrezeanu, Madalena Caramuru, Édith Piaf,
Mary Quant, Elsa Schiaparelli, Carmen Miranda, María Teresa Ferrari,
Alice Augusta Ball, Cecilia Grierson, Ayn Rand, Adélia Sigaud,
Eugênia Moreyra, Rachel de Queiroz, Joana de Cusa,
Tarsila do Amaral, Nélida Piñon, Florence Nightingale,
Enedina Alves Marques, Celina Guimarães, Elizabeth Blackwell...

Penso na riqueza desta lista interminável

Penso em Madre Tereza, Irmã Dulce, Kuan Yin, Mestra Nada
Penso em Maria Madalena

Tantas, centenas, infinitas constelações
Na terra e no céu
De todos os mundos...
Negras, brancas, pardas, amarelas
Ocidentais, orientais

Passado. Presente. Futuro
As antigas e as atuais

Penso nas que desconheço...invisíveis...

Penso no sagrado feminino
Nas mães. Nas filhas
Na maternidade ou não, seguiram doando seus dons. Seguem

Minha mãe, minha irmã, minha filha, tias, primas, avós, bisavós, tataravós...

Penso em Maria

Penso nelas
Por toda entrega, por toda luta, por toda resiliência,
por todo esforço, resistência
Por todos os erros e por todos os acertos

Gaia, Útero. Vida. Essência. Substância
Âncora. Força. Coragem. Revolução
Continuidade

Agradeço

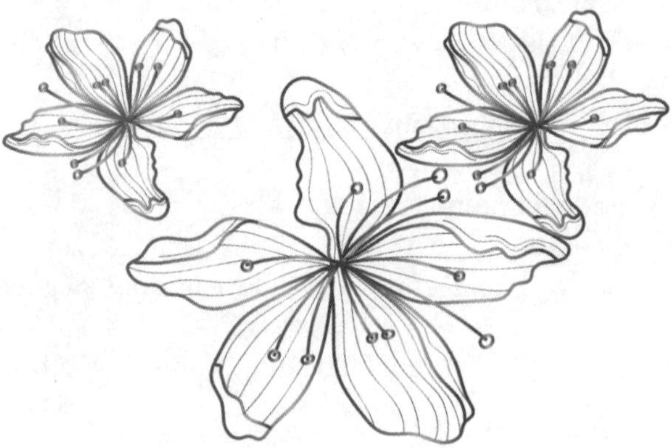

CAPÍTULO 4

Despertamento

Quando escrevo, coloco vida
Apenas sou o que me circunda
Quando troco impressões é porque
elas vêm de minha profundidade,
vêm de cada átomo que me compõe

Entregar-se
para ser o que viemos ser

Entrega é entrar no fluxo
que melhor acomoda a alma
É um mergulho interior,
um processo para a autorrealização
Descobrimento e redescobrimento
Para perceber a própria verdade,
a essência, o diamante bruto
escondido no centro do tórax
E percorrer o caminho da lapidação
à dualidade existente
O poder da escolha, acordar-se
É preciso mergulhar em si e transbordar-se

Acolhimento, o início do despertar

De mãos entrelaçadas com o novo destino
A moça avante foi
Na nova estrada, sujou os pés com pó de estrelas
Sorriu como há muito não sorria
Sentiu vertigem na aterrissagem em nova planície
Converteu esse sentir em palavras gentis
Resolveu amar os seus tons
em falas de amor
É sobre amor que fala agora
O alfabeto redesenhado em nova cor
De mãos assim unidas diante do peito
juntou todos os farrapos e despiu-se
E se censurada fosse, não temeria
As novas vozes em seu destino
entoaram no diafragma da vida
músicas de ninar
envolvendo a criança adormecida que estava num cômodo qualquer
A moça, agora completamente nua,
dança a dança da rua, feliz
Porque olhou fundo para dentro de si
e viu que possuía a luminosa força da coragem para prosseguir
Sem pudor de estar assim despida
desprovida de toda culpa que quiseram fomentar em seu espírito
Assim, entrelaçada com todas as possibilidades de novamente
alvorecer,
comprometida, continua desnuda
e sorri a todo mundo
sem se importar com os olhares que condenam as almas livres

Nenhuma alma é livre se julga outra em seu liberté

Eu sou uma mulher que hoje olha para os pés,
para onde eles devem ir
Olho os dias e vejo um novo eu estampado
Uma mulher com uma nova visão
Que renasceu das cinzas
Ali, entre os destroços materiais,
surgiam olhos mais profundos,
espirituais

Minhas notas são autorais
Não são espelhos de ninguém
O que exalo é reflexo de lições passadas
São diminutas claves de sol que
inundam o meu ser para não ser igual
Apenas letras de pensar
Bilhetes musicais
Notas de mim mesma
escritas nos instantes em contato com a fonte,
com a sinfonia afinadíssima das escalas mais altas
Minhas notas são compostas pelos passos que dei
para buscar, conhecer, compreender
Ninguém caminhou por mim
Eu mesma fui maestro
Voz lírica não convencional, mãos em cordas e metais
Serenata ao luar, ode de valsar
Estribilhos descompassados, fora do tom
Afinados também
Espelhos da minha soltura
A dançar pelo saguão todos os movimentos
do baião, do frevo, Chopin e Bach
Mozart, twist, rock, valsa e balé...
São notas autênticas essas
Partituras em anotações feitas a partir das somas,
mas por mim, em meu próprio espelho

Sobre os dias descuidados

Fragmentada estive nos anos que não Te vi
Perdi as notas musicais que davam ao meu espírito
a liberdade serena de existir
Sem as partes fundamentais da existência
sucumbi perdida nos dias tolos que acolhi
O desalento veio de mansinho
se instalar na mente para escurecer o coração
Quando, de fato, me dei conta
corri desesperada para juntar todos os pedaços que me ligavam a Ti
Pequenina me senti olhando para os curtos espaços
que somavam os momentos que dediquei para encontrar-Te

Sorte foi que, de tudo que vivi, na memória cantei
as canções da infância que me fizeram lembrar novamente
da inocência, da pureza, da benevolência
de estar agora ligada outra vez às Tuas frações,
nas lições de amor que dedicaste para que eu me encontrasse
de novo, aprendiz

Em face desfigurada,
encontrei-me diante do espelho
A tela imensa da vida
Odiei o que vi,
no instante primeiro desse desencontro muito sutil
Para decifrar esse processo,
jogado propositalmente diante de mim,
precisei olhar cada vez mais perto
aquele gigantesco espelho (adiante de mim)
Mas não conseguia tocá-lo, nem cobri-lo
Escondê-lo já não era possível
Havia cicatrizes profundas sem costuras
Lacunas de soberba e caos
Lacunas
O tempo esvoaçava nas estações
Empurrando-me para o confronto
Cena épica nas guerras colossais comigo mesma

De minha boca saíam palavras de martírio
desciam pela garganta
e como ácido corroíam tudo

Os olhos, de véus vestidos, sangravam
A cabeça pendia sem movimento algum
divagando nas dores que sofriam os ossos
Este torpor repetitivo
desfilava durante a noite toda
e quando chegava o dia, de novo caía

Mas em espanto total
numa manhã fria
A saliva verteu poesia
e do nada o sol varreu o inverno com sua brilhante cascata
pelos órgãos daquele corpo
iluminando os verbetes com raios sutis
De repente, toda aquela angústia desfez-se
porque o olhar seguiu adiante
Não se intimidou com o inverno

De sabor revigorante as palavras se pungiram
Resvalou para dentro
a doce canção do despertar

O redescobrimento da essência

Calo-me diante de minha dor,
de minha vergonha, das sombras que projetei
E dentro deste jogo de luzes e sombras, vulnerável,
vou tecendo matizes escurecidos em minhas digitais
Mas quando, insuportavelmente,
estes já não cabem mais em mim,
livro-me destas quimeras que me atrasam
e num rompante, rasgando os véus da inércia,
a moça de eras ancestrais vibra em sua voz dissonante
o grito de 'liberté'
Arranca as amarras descoloridas e tinge a própria fronte
com as cores universais do autoamor em novo batismo

Desliza agora, elegantemente, pelo saguão da alma,
revivida em tons mais brilhantes
E suscita aos transeuntes da vida
— entes de convívio e todos os convidados —,
o alvorecer do sagrado em caps locks, em letras bem garrafais

Caminha insegura ainda,
mas liberta da tirania cultuada dentro de si
Liberta

Inunda-me de vez em quando
Uma certa insatisfação ao olhar para trás
e ver os passos que demorei para avançar
Inunda-me, vez ou outra, uma inconformação
ao constatar tudo que não fiz
Mas se assim me vejo ao colar os olhos no passado,
também percebo meus pés delirantes de alegria nos passos assertivos
Também sorrio ao ver-me resiliente
navegando na profunda correnteza de meus deslizes e não me afogar
Analogamente, realizo, dentro dos meus eus existentes,
o formoso balé do redescobrimento das luzes na ribalta,
em minha própria aura
Nova vida se faz ao viajante desta existência
quando no riso franco segue a trilha da ressurreição do amor-próprio
Autoperdoando-se, livrando-se do alter ego,
das situações repetitivas, desarmoniosas,
das palavras vãs
Acenando a alma para o recomeço

Eu jamais andei só
mesmo que achasse que sim, eu não estava
Compreendi muito tempo depois que, em todos os instantes,
minhas mãos estavam aquecidas, ajustadas por outras mãos
Meu companheiro nas divagações e ilusórias dissertações
era o fio tecido por Ti
que costurava os pedaços de mim que se soltavam
Mas era invisível o toque
Era sutil e as vistas cansadas
não enxergavam além dos meus próprios muros
Eu os construí
E na síntese traumática que se atravessa para evoluir,
era necessário desconstruir
Na desconstrução de mim, não pulei a muralha alta
Eu a contornei para ver o outro ângulo
e deparei-me com outros mundos adiante
As cercas que antes me separavam do real sentido de estar aqui
serviram para olhar para dentro, centro
E aquilo que me parecia obstáculo na solitude
era na verdade o meio para sair, para ver profundo o meu ser
Olhando fixamente para o muro plantado ali
senti a Tua forte presença aquecendo as minhas mãos,
como das outras vezes...
Virei-me para seguir,
mas olhei de volta o que deixava soltar-se do meu ego
Entendi então que tudo era aprendizado
e que minhas mãos sempre tocaram outras mãos sutis
Lembrei do calor que sentia quando, por vezes,
um amargor subia à garganta e um sopro leve acalmava o peito
Agradeci profundo as lições de minha prisão autoimposta
Meus passos tocaram indeléveis o verde do caminho novo
E eu sorri discretamente, compreendendo tudo:
Eu não ando nunca só

A liberdade
é minha maior riqueza

Preciso respirar!

Se eu estou
é porque quero estar
Se eu vou
é porque quero ir

Minhas escolhas
são sinceras
Sou como o vento
às vezes, brisa,
outras, tempestade
Vento venta liberdade

Despertamento

Quando o coração se põe a serviço do puro
e está atento e suas intenções são isentas do ego
a verdade se estampa
É como a paisagem vista do alto de uma viagem aérea
É possível sentir Deus sem vê-lo
Quase tocá-lo...
Há as nuvens, o céu, a atmosfera, um Todo
A visão não alcança a imensidão, mas sabe que,
além do que os olhos enxergam, há o infinito, há

Olhos de ver...

CAPÍTULO 5

Alma, Éter, Espiritualidade

A alma desperta desvela a sua dualidade
e a integra ao macro fazendo sobressair a luz,
a beleza sagrada do seu ser

Refletida em novo prisma
se viu minha visão
Olhos cegos que vagueavam
sem propósito e poesia
Mas nos instantes de sensatez
o órgão pulsante no peito
vibra os matizes de outrora
e em nova aurora
desfaz todo véu que cobria
o olhar de minha alma
Em nova paisagem
deslumbra-se com o prisma,
com o prisma de um amoroso Deus

Das coisas que apreendi no infinito do peito,
nesta imortalidade consciencial,
no espelho d'alma, onde ecoam os sentimentos
para além de qualquer fronteira,
no gesto singelo das mãos em união
e na claridade com que vibram as mentes na solidariedade,
quando a emoção arrebata lágrimas e tristeza,
sempre capturo um redemoinho de amor
e abasteço o meu espírito de cristalinos matizes

Fé
Vibração
Oração

(A morte é apenas passagem)

O Ourives da minha alma

Beija-me a testa, beijo-te os longos dedos
Sempre vens antes, sempre
Sei que sequer afasta-te de mim
Chegas primeiro que qualquer pensamento e acalma-me

Teu hálito torna inaudíveis todos os ruídos de fora,
abrasa-me por dentro
Ouço a melodia de tua voz
a encorajar-me nos meus enfrentamentos, sorrio
Recolhe-me gentilmente em teus compridos braços,
aninho-me qual criança
"Vinde a mim as crianças", minha criança vai
Afagas cuidadoso o desalinho de meus cabelos tingidos,
livra meu rosto dos fios rebeldes, afeto

Quando me olhas, nem sempre sustento-te a vista
Adentras fortemente os átomos de minha alma
e reordena as estruturas fragilizadas
Retiras minhas dúvidas quando dizes mansamente que me amas

Teu manto aquece-me nos dias invernais das dificuldades
e encoraja-me a sair mesmo no temporal de minhas lágrimas

Sempre vens primeiro beijar-me a testa
e abençoar-me para que eu siga segurando a ponta deste teu manto
Abraça-me fortemente e levanta-me do chão e dize:
abraça-me também!

Todos os dias vens antes de meus olhos se abrirem
e abres as cortinas de meu quarto
para que eu veja a claridade do amanhecer
Mostra-me incansável que a vida é bela
e dela é para extrair o néctar das lições

Lembro de nossos encontros
Dos risos soltos e de quando minha fronte perdia-te nos meus abismos
E Tu estavas sempre lá, paciente e compassivo, a beijar-me o rosto

Enquanto muitas vezes apenas murmurei,
tua face desprendia a palavra fé
e eu podia senti-la materializada em meu peito
E, como bálsamo de festa, fazia-me colocar os meus pés sobre os teus
e conduzia-me nas valsas de alegria e luz,
encorajando-me a seguir-te os passos
para que eu escutasse a completude dos cânticos que evocas
ao meu espírito em evolução

Sempre mostra-me o lado bom de tudo,
pois tudo é caminho e em todos Tu estás a me cuidar

Naquele dia, em minha casa, sentaste junto a mim
e enlaçaste os meus ombros e nada disseste,
mas tudo ouvi, tudo compreendi
Ficaste o tempo necessário para curar-me os olhos

Fitamos a janela a nossa frente,
não havia sol lá fora, era um dia frio
Juntos miramos o céu azul que fazia dentro de meu relicário
Forjaste, ali dentro, com tuas mãos de ourives,
a joia em filigrana de ouro e,
como jardineiro que também és, deixaste o plasma das flores
a perfumar-me constantemente

Sempre vens beijar-me a testa
Beijo-te ternamente os longos dedos,
enrolo-me em teu manto e canto Contigo
a valsa que me ensinas diariamente

Sempre vens a todo instante
Amo-te, meu querido amigo Jesus

Eu sou a presença de Deus que habita em meu peito
e me leva a caminhar em seus jardins
no meu coração

O templo espiritual não está em paredes edificadas,
à feição da engenharia, em tijolos e argamassa,
na taipa ou no estrado de madeira

O templo divino habita o interior dos corpos
O templo divino está nas partículas de amor que se unem
para dar vida e alento ao espírito

Está na argamassa celular de todos os seres
Não distingue raças, está em todos os prismas
Está na pulsação do sentimento abnegado
No centro da consciência
No valor das mãos no arado do bem

No eixo humano, na câmara secreta de nossos corações,
sustenta-se o fio condutor da devoção
e da modificação que a Presença espera, mude,
o próprio mundo interior (e exterior)

Todo segundo deveria ser como uma oração
Ela desfaz no tempo as páginas sem sol
Nos capítulos da vida aprendi a perceber o sol em conversas com Deus
Aprendi que cada instante é prece, frações para reencontros

Gurudev

Eu vejo os teus olhos nas fotografias e nas películas
Eu leio as páginas do livro que escrevestes em total recolhimento
e sinto a luz que tu emanas a penetrar a minha alma
Ouço a tua voz a declarar que só faz sentido esta vida
se amor eu entregar em tudo que eu tocar
E se houver espaço, espaço infinito, para Deus habitar
Tu dizes que é sublime dividir o meu templo interior
em mil pedaços para doar
A luz que me abençoa no instante em que toda a minha alma ora,
quando meu corpo é pura prece pela paz e pela cura
que só Jesus traz ao mundo, em cada coração, tu ensinaste,
eu percebo a graça que me cobre sob a firmeza de teu olhar

Sonda-me a oração eterna, a alegria, a segurança em cada passo
quando inspiro o Verbo Sagrado, do Filho e do Pai,
que evocas com a tua voz
dando-me o conhecimento de ser o insondável, o incorpóreo
De como unir-me ao éter divinal
Minha alma levita ao sermos nós, unidade, contemplação

Consagrastes a tua vida a enviar os meios para ser completo
Ceder o tempo para ser comunhão,
para beber na fonte perene da vida celestial

Fecho os meus olhos e ouço a tua canção
O som que acalma, que dá certeza em minha consciência
das flores da realização, a época do despertar
Teus olhos são lanternas a me guiar e tua lealdade e sabedoria,
teus ensinamentos e tua existência elevam-me completamente
à Presença do Pai e do Filho no jardim de teu espírito
Reafirmastes na terra o poder da elocução sincera
De ser, em cada hora, ação e vontade

Abro os meus olhos e em sopro sutil vejo a verdade dos teus
e eles cintilam a imensidão da luz e do amor puro e simples
E diante de tua infinda bondade, de tua salutar vibração,
aprendo com tua humildade e devoção e minha mente
sintoniza o melhor pensamento e transforma a minha circunstância
em solo de bem-aventuranças no perfume da disciplina e da fé

Escrito para Yogananda, um mestre hindu que me comove profundamente.

Paramahansa Yogananda foi um iogue e guru indiano que viveu entre 5 de janeiro de 1893 a 7 de março de 1952. Autor do best seller "Autobiografia de um iogue", eleito um dos 100 melhores livros espirituais do século XX. Ele foi também devoto de Jesus.

Medita e ora
Isso é puro e simples
Mas faze-o com devoção

Medita e ora
E o insípido se torna claro
E tudo que te devora
perde o poder

Tenho fé
nas mãos unidas em uma só
Tudo florescerá, preciso acreditar
Devo ter fé

Gaia, envio a ti a luz que habita em meu coração
Ela é uma gota no oceano
e ela se unirá às águas que banham as tuas entranhas,
irrigando a infinitude de tua força,
para perpetuar a vida em novos ares

Uma gota no oceano...

O amor é a maior oração
Nele nascemos e renascemos muitas vezes
Orar é amar
É fazer fluir o amor dentro de si e para os outros

Tudo é sobre amor
Na dor e na cura

Oração pela Mãe Natureza

Oh, humanidade, tende piedade de nossas florestas e animais,
mares, rios e ares
Tende misericórdia e desfaz as crueldades
infligidas à nossa casa e sustento
Homens vis, que destroem a formosa poesia de Deus, retornem à Luz
Homens de má-fé, possam os seus corações se arrependerem
Clamo para que a única fagulha de amor que possa existir dentro de
vós seja acesa e retire de suas mentes
os miasmas da ganância e poder
A cada ser da natureza desfalecido pela soberba humana peço:
sejam envolvidos nas cápsulas do amor divino e nos perdoem
Amada Mãe Natureza, tão generosa!
Que nos alimenta e acolhe em seu seio maternal, gratidão
Meu coração sofre ao ver-te desprezada
e entregue às mãos de homens insanos,
ávidos pelo dinheiro te vendem por trocados,
pois tua riqueza transcende a inteligência humana
Te insultam até a morte!
Meu coração sangra ante o fogo criminoso,
pelas águas poluídas e céus escurecidos
Chora incessante pelo desdém às Pátrias ofertadas por Ti, Senhor

Oh Pai, vinde colocar ordem e justiça
àqueles que maltratam friamente a alma de Gaia
Que haja compaixão nos corações endurecidos,
que haja arrependimento
Que voltem à luz

Gaia

Eu e você somos um
Eu estou em você e você está em mim
Te saúdo e me inclino à sua vida porque a sua vida é a minha vida
Eu te seguro em minhas mãos, Gaia
e projeto os fios de luz que habitam o meu coração a envolver-te
para resplandecer de esperança e paz a tua aura tão entristecida,
ferida pelos teus filhos
Alimento a incandescente vontade de te ver restaurada
com a minha oração e a de todos que desejam um mundo melhor
e executam nas ações diárias os gestos que cauterizam o teu sofrimento
Clamo à luz, em cada consciência humana,
para unificar as mãos na grande roda do amor e te abraçar por inteira
Juntos em unicidade, emanando a cura para cada ser
criado e amado pelo Pai Divino,
a mãe Gaia respirará o oxigênio da compaixão
traçando a rota que a plena consciência do amor
desenha na bússola do tempo
Gaia! Tua exuberância e beleza ressurgirão na pureza dos corações
que realizam, na ação amorosa, o perdão pelos desatinos em teu solo
e, no nascente porvir,
subiremos aos céus estrelados de tuas constelações
Brilharemos em luminosa cascata
o tesouro que fulgura, às mentes da humanidade,
o renascimento das sementes da fraternidade e da igualdade

Assim tenho fé, amada Gaia

O amor é o poema da alma,
nas estradas do viajor

Nos poemas da vida há boas rimas, verbetes
Onde não existem versos alinhados
o amor pede força
O amor é tudo que traz refazimento
É junção de todas as palavras que fazem bem ao coração

Se nos poemas da vida reverberam palavras desencontradas
é para lembrar a alma de adicionar mais oração, gratidão
A união dos verbos que acendem os circuitos divinos da escrita de Deus
é o poema de amor que cabe em toda a métrica,
é ritmo, é graça, é valsa e baião

Pequena prece de gratidão

Eu respiro, sou grata
Eu percebo a luz do sol na pele, sou grata
O vento faz a sua dança em meus cabelos, sou grata
Meus pés percorrem estradas, caminhos na terra, no mar,
sou grata
No arroubo da fome, tenho prato farto, sou grata
Na escuta dos ruídos, do pio dos pássaros, das canções humanas,
sou grata
Sou grata por todos os movimentos que faço
Sou grata por perceber as intuições para evitar as tempestades
Sou grata por todas as vezes que me despi diante da jornada,
diante do céu limpo com seus brancos e azuis
e também diante da água que cai para sanar a seca
Sou grata pelo que sou e me tornei, pela minha voz e escrita
Sou grata porque vejo e sinto tudo ao redor
Porque busco o olhar do coração para ver bem mais as poesias
Olho com olhos de aprendiz significando as fronteiras do tempo,
desenhando perspectivas mais afinadas com as bênçãos e aprendizados
Sou grata pelos dias de euforia, cantoria
De silêncio, de recolhimento, solitude

Me agrada viver sob a ótica da gratidão
pois que é por ela que acesso os portais da imensidão,
a essência, o vazio, o tudo, o ser

Afirmação

Eu sou a vibração do amor
Eu sou a semente de Deus renascida de sua paciência e afeto
De sua fé e alegria em ver-me restaurada para uma nova vida
Sou fruto de suas constantes inspirações,
enviadas a mim para o despertar consciente
Sou a chama de amor que incendeia o meu coração
para seguir os seus ensinos
Devo ser o amor em palavras para inspirar
Sou a fagulha de luz que acende o farol de minha mente
para espalhar os reflexos Dele
Eu sou centelha que vive para ser amor em sua plenitude,
amando e perdoando
Sou a sua consciência para me fazer reconhecer
a claridade de minha alma
a liberar as bênçãos de sua voz em minha vida
através das letras de pensar

Na infinitude daquele que me contempla,
sinto minha alma desabrochar
na imensidão das palavras que devo espalhar

CAPÍTULO 6

Autoamor

Sempre tem um lugar para olhar
e sentir e viver novas perspectivas
Sempre tem, mas depende muito
do quanto estamos dispostos
a enxergar novos lugares também dentro de nós

Abraça-te constantemente como beijo apaixonado
Abraçar-se é ser gentil consigo
É como entregar-se aos momentos pueris
— ou ao tempo de primavera —
Beija-te como fogo de romance que aquece o peito
Olha-te profundo como o horizonte à beira-mar
Ama-te para amar
Faz caber em ti toda a delicadeza dos sonhos infantis
Declama à mente palavras entorpecidas de paz
como quando, extasiado, vê as luzes do sol incorporando a noite
Sê afago no corpo teu,
ele é oratório ancestral, traz o DNA de Deus
Serve-te o alimento espiritual como café da manhã em fartura natural
Ama-te sem medo, mesmo em meio ao temporal,
que perto, logo adiante, a brisa morna vem e seca-te a face
Abraça-te com compaixão e veste teus pés de flores
como os enamorados
Assim, respeitando o templo teu,
teu cálice reverberará a canção bendita do verbo Amar

Encontra-te para ser tudo que deves ser
desde o princípio da conjugação nascer

Abraçar-se é sobre acolher-se

Abraçar-se tem a ver com cada parte sua,
com cada nova etapa que nasce dentro de si
É aceitar os muitos eus que existem,
é ser inteira em tudo que ainda virá
É olhar para trás e perceber que tudo que viveu
te moldou em nova arte, layout, forma,
ondas cerebrais, sintonias, energia, leitura

Abraçar-se é entregar-se desnuda de tudo
e apenas ser a própria verdade,
mesmo que outros te julguem

Abraçar-se é renascer para novos capítulos
É reescrever a sua história
ressignificando cada pensamento em novas luzes

É sobre amor
É sobre amar-se

Em mil reflexos que uma alma pode doar,
o mais claro e límpido deveria ser
aquele que toca a outra alma de uma forma gentil
E embora a luz refletida possa ser intensa,
como a do sol, a projeção mais bonita
é a que permite o brilho se misturar e transparecer a luz de ambas,
deixando as sombras se apagarem,
formoseando um novo contexto de luz,
propagando outras possibilidades iluminativas, frescas, autênticas
Pareadas em comunhão, desenhando contornos
notadamente mais delicados,
desfazendo a rigidez das linhas, suavizam o contraste,
harmonizam o todo
Deixando à vista a completude de uma e de outra luz,
refletidas independentes, mas transpassadas como uma só,
somando para formar outros reflexos, complexos, mais amplos
E sempre na instância gentil

Vê
Olha mais perto
Aproxima, alinha
Traz para mais perto do peito
o colorido do céu
Observa com os olhos do coração
Traz para ti a imensidão,
pintada no espaço,
como aquarela sem pincel
Busca a infinitude
dentro da luz que irradia o sol na Terra

Olha mais perto e traz para ti
a sabedoria da contemplação
Vê agora o teu reflexo em estampa solar
caindo em cascata de luz em tuas vistas
para te cobrir como um manto de amor

Agradece

Perfuma a alma
com a paz do teu amor por ti
Desvanecer-se nos sentimentos contrários a ele
não te assegura novo caminhar

Perfuma a alma dos saberes do coração
O aprendizado nele contido
deve ser o do amor
Amor não inclui sentimentos pequenos,
desnutridos de alegria e gratidão
Sentimentos pequenos desfrutam na alma
a falta de visão
A boa visão deixa tudo mais cheio de cor
pois revigora o sentido de pertencimento,
não solidão, não desafeto, não

Perfumar a alma é ver Deus dentro dela
clareando todos os cômodos que escondem
as sombras em salas quadradas

Olha pra si de modo gentil
Toca-te com graça o coração
Desfaz da fronte o medo de ver-se inteiro como flor
Deixa a abelha polinizar o teu viver
de néctar para renascer

És livre para seguir em qualquer trilha...
És livre para ser impulso ou inércia
És livre para caminhar em qualquer linha
a qual te leve ao horizonte que teus olhos buscam
As consequências disso são só suas,
mas te assegura que te farão bem
Te assegura de não prejudicar qualquer ser no mundo

És livre para pousar tuas asas onde desejares,
mas procura pousar onde o coração
possa alimentar uma aterrissagem na pauta da alma liberta,
livre dos grilhões que aprisionam
Liberta de travas, âncoras e cordas que desassossegam o peito
Inclusive, és livre para voltar atrás e mudar tudo
ou seguir adiante da linha

És livre

É na mistura de tudo que você é
 - do agora e da ancestralidade -
É na mistura de tudo que o olhar apreende
de tudo que as mãos alcançam
de tudo que o coração soma
nas escolhas de cada passo
 - passado e presente para ser futuro -
É nessa sinergia, através da visão interior
no acolhimento dos eus
na travessia para ser
na transmutação da energia
no olhar para dentro
 - para o centro do tórax -
nesta alquimia
no entendimento desta unidade
está a sua magia

Permitir-se é arriscar-se
Arriscar novos desenhos, escritas, traços
Rabiscos, riscos no mesmo papel
É dar movimento aos pincéis, pintura
Só ser essência como quando era criança
Deixar uma leve brisa soprar na alma
Ouvir o som do coração sutil
É sair da caixa para ampliá-la, deixá-la mais bela,
ornada em novas linhas, também expandir-se fora dela
e formosear o olhar feliz no horizonte de dentro (e além dele)

Permitir-se é deixar vir antigos desenhos de criança para transformá-los
e dar-lhes vida, independência, renovar suas cores

É para sentir a leve brisa da alma
Arejar e colocar tudo no lugar

Todo amor é para ser nu
Deus te fez despido, limpo
O único adereço?
Um coração para ser puro, uma mente para ser sã
Todo amor é para ser nu
Você surgiu de corpos nus
Veio de um corpo desnudo
e sem tramas nasceu
Veio plantar suas sementes, sem vestes
Nus nascemos
Partimos nus para as dimensões do Criador
Vestimos os olhos de pré-conceitos, de inibições
Castramos o puro em nós
O amor é nu - deve ser nu!
O amor é cada parte de ser, desprovido de adornos
O amor é a saturação da beleza em cada um de nós
e para enxergá-lo como ele realmente é
é preciso estar nu, ser nu
Ser nu é rasgar-se para as possibilidades
Ser nu é despir-se completamente de metades, inverdades

É desprender-se de formas, estruturas, modelagens
para revestir-se de amor
Amor é desnudar-se das dores
É costurar as cicatrizes
É abençoar-se com a supra essência dos eus
para capacitar-se em novas diretrizes
É sobre amar-se na sua mais profunda dor e nascer de novo
É rasgar os véus que encobrem o ser
e vislumbrar o próprio infinito
Todo amor é para ser nu
Ser nu é ser amor em seu estado purificado
reabastecido, nutrido
Todo amor verdadeiro é nu
Nascemos nus, nus retornamos
Despidos de todas as travas
para reacender a chama vívida do espírito
Origem, plenitude, iniciação

Ser nu é sobre amor, amar, amar-se

Ano Novo

Toma posse de ti mesmo
Mergulha no teu infinito
Não lamentes as sombras que perpassam os teus olhos
Antes mesmo de revelá-las às tuas vistas
retira do peito a tua fé e a coloca na união de tuas mãos
Ora sinceramente
Desvela as lágrimas escondidas e ergue tua face
Segue

Confia no espaço que se apresenta
no largo à tua frente
Se queres, olha mais uma vez para trás
Agradece por todo infortúnio
Porque és capaz de arrebatar de ti
o que desvia os teus passos do jardim adiante

Seja generoso consigo mesmo
És cálice divino da esperança,
da coragem e da promessa
Se te acorrentas às mágoas
perdes o viço
Tuas células arrefecem de fome
Esvaem-se a beleza e o riso

Permite a entrada em tua mente
do diagnóstico que te confere bem-estar,
acendendo as lamparinas de teu olhar
Olha pro novo, sê o novo
sem medo de errar
Se erras por acaso, recomeça
Toma posse de ti mesmo

separando-te da morte de tua prece
Vai para onde o Amor te sopra,
- não para outra coisa
És substância Dele
Confia

Se na solidão caminhas enfraquecido,
despido de bem querer
Saibas que não há nunca alguém só
Tens a qualquer tempo,
se quiseres, as bênçãos de Jesus
Tens ainda, recorda sempre!
A força de todos que vieram antes
no seio familiar, na estrada de teu destino,
nas escolhas de teu peito, nesta escola peculiar
Não te esqueças do amor de todos que te amam
nas caravanas de luz ancestrais

Ignoras o infinito de teu ser
Muda agora! É Ano Novo!
Mas só é se tomares posse de ti
Se couberes nas entranhas iluminadas
que guardas mesmo antes de nascer
Acredita, abraça-te com afeto
se nos instantes que surgem
não tocas outras mãos na materialidade
Cura-te desfilando as estrelas de teu rosto
ao horizonte do céu

Toma posse de tua completude,
de tudo que viveste,
do presente de cada alvorecer,
dos sonhos sob a lua,

das bocas que beijaste,
das flores que colheste nesta existência,
do amor que te invade nos tempos de oração,
da chuva para germinar,
e do pleno sol para florescer,
das lições do frio no ar e dos corações,
do aconchego dos braços de um amigo,
do ventre morno da mãe, do abrigo do pai,
da brisa refrescante nas noites de verão,
do trabalho, do suor,
da água que te dessedentou

És o forte, um bastião, fortaleza
Templo, farol, lugar de perdão
Apossa-te das coisas boas que em ti ficaram,
deixa as sombras, larga esta jurisdição
Há que surgir um sopro, uma luz
um próspero caminho
Se te dispões a mudar, a ser novo agora

Toma posse de ti, da tua centelha divina
para acender a tocha da sabedoria

Poemas que devemos ser

Somos poemas, somos pontes, somos horizontes
Fontes constantes do universo
Somos folhas em branco a serem preenchidas
Somos plasma de amor, perfume de flor
O voo de todas as asas da criação
- dos animais, dos anjos, da imaginação
Somos instantes de força
e um tanto mais de coragem e fé
Somos poemas a decifrar onde está a pureza no olhar,
no mar das palavras deste mundo de amar
Somos centelhas luminescentes
Poeminhas soltos que atravessam o incessante renascer aqui e ali
Nas pontas da rosa dos ventos,
de sul a norte, oeste e leste e assim por diante
Na busca da perfeição,
nos sistemas do céu, em todas as constelações
Poemas de Deus, pontes, fontes
Infinitos horizontes tecidos em verbos diversos
Folhas recicladas para reescrever as rimas constantes do alvorecer
Somos plasma de luz, perfume de flor

Jardineiros-poetas, construtores
Espíritos errantes a esquadrinhar
as linhas dos escritos da vida
Somos poemas que andarilham desamarrados,
desprendidos, soltos, para refazer os laços,
antes unidos pela rima poética das pontes
que unem os caminhos até as fontes cristalinas
Somos poemas livres, brilhantes e breves
Somos sempre traços da poesia de Deus
Somos poemas, somos pontes. Horizontes
Fontes constantes dos versos do Amor
Somos sempre traços da caligrafia de Deus
- mas é preciso prestar atenção no que vai no coração
Nossa escrita deve ser transformada, reeditada,
corrigida, lírica, luminosa, incandescente
Para a completude da paz no espírito
Somos as asas da plena liberdade
Somos sempre pontes
Fontes constantes de novos horizontes
para escrever os poemas que realmente devemos ser

Nossas mãos

Nossas mãos deveriam ser poemas para somar
tudo que cabe no verbo amar

Nossas mãos deveriam ser poemas
apenas de amor
para a compaixão,
para as artes,
para bênçãos

Gentilezas, amizade, honestidade...
Afeto, solidariedade, empatia, sororidade…
Igualdade

Nossas mãos deveriam ser poemas
para falar somente positividades
Poemas para somar deveriam ser

Sobre amor em todas as formas:
Para todos os seres!
Semear. Espalhar. Transmitir. Doar. Sentir
Misturar

Sobre amar: também amar-se
Sobre ser lar, encher-se
Olhar além de si
Transbordar

Ser amor fora do próprio idioma
Ser cada vez menos plano - menos quadrado
Compartilhar. Transpirar
Tornar-se em cada movimento, cada vez mais,
até sermos um só

Ser um só é amar além de si,
para encontrar-se
Amar-se é autoconhecimento
Ser amor sem cegar o 'ser' de ninguém
O amor é empático, ilumina!

Ser amor ilumina primeiro tudo dentro de si

Quando eu me percebi

Permitir novas roupagens é sobre amor
É redescobrir o poder de ser tudo que de bom guarda o coração
É ver-se em novas perspectivas, em novas estampas
Ver mais amor em si, olhando para dentro e para frente
Abraçar-se!

Quando nos permitimos novos ângulos,
somando a força poderosa da resiliência,
acendendo todas as luzes para ser uma alma liberta,
então reencontramos dons escondidos e sonhos adormecidos
Resgatamos o sagrado, o divino,
o poder que existe dentro de nós, e viramos a mesa
Derrubamos muros e convenções (impostos por aí e autoimpostos!)
e deixamos para trás tudo que não soma
Absorvemos mais luz e emanamos o nosso brilho
Confiamos mais no futuro e muito mais no agora também
Vivemos o que faz mais sentido!

Somos sempre possíveis!

Encontro, guiança, liberté... Voar.

Olho à frente e penso nas coisas que fazem brotar sorrisos.

Olho à frente, presto atenção e encontro. Encontro possibilidades, um outro enxergar interno, uma direção diferente. Encontro um *quê* que me faz ir, arriscar e ser o que traz horizontes, antes adormecidos no coração. Encontro um outro eu meu que esperava por esse 'encontrar'. Sorrimos.

Olho à frente e encontro outras vistas dentro de mim, outros espaços. Imensidões. Acolho essa percepção.

Somos portadores de imensidões, de capacidades, de infinitos caminhos. Mas é necessário dar passagem. A vida envia sinais o tempo todo para que a gente encontre a nossa vibração mais alta, o nosso tom, a nossa voz essencial. Perceber isso é se conectar com as possibilidades que somos.

Sim, existem os desafios que nos 'olham', mas também existem os 'sorrisos' que despertam encantamento.

É isso. Sorrir de volta e ancorar a luz das janelas, frestas e portas que se abrem. Sempre abrem. O coração está preenchido de amor pelo caminho que permiti se estampar diante do meu olhar.

Encontro e aceito a metamorfose que a vida incita.

Escolho a imensidão que se estende como tapete para que eu siga o flow da minha alma. Sorrio de volta.

Encontrar. Acreditar. Ser. Ir.

Acredite na magia dentro de você
Nas suas imensidões
Digo: Acredite!
Elas ressoam se você parar para ouvir

Eu, Elìsa

Posfácio

Flow

Refugio-me no novo eu, encontro espaços
Derramo-me em contemplação
Instantes de reflexão para o meu espírito
Sensibilização
Frações da vida que me fundem ao sutil
O embelezamento do alfabeto, leituras, captação
Percepção, elevação

Minha mente assim toca o bordado das letras dos céus
e as mãos dos seres da terra

Há encantamento em meu peito,
mesmo na poeira que os homens levantam no ar
Há esse sentimento brotado em minha alma, singelo e peculiar
Abertura de luz que desfaz negatividades
e descortina a rigidez humana

Nestes tempos de novas cruzadas, deixo o lírico me iluminar
em rezas, poemas e letras de pensar
Como se o universo dissesse "escuta-me pelos poetas
pois é através deles que o espírito encontra a unidade,
a liga para o firmamento e para os passos nas planícies do mundo"

Estas escritas vêm das constelações do meu infinito,
do âmago, das vivências, de tudo que vejo, absorvo, sorvo,
materializadas em palavras
para as consciências das almas libertas, despertas
Apreendo esse toque porque sei que sou, em essência,
muito mais espiritual, infinda, imortal e permito-me sair
do ar empoeirado e mergulhar na imensidão das estrelas
Desdobro-me do corpo e sonho o sonho dos poetas, divindades,
filósofos e deuses

Os pés do meu corpo físico vagueiam colados no chão, sensatez,
mas o meu espírito os arrebata da terra por alguns segundos,
transito também nos céus

Liberté

Agradecimentos

Sou grata por todo o amparo
na busca, no choro, no riso, no processo, por toda a inspiração.

Agradeço por tudo que deslocou os meus pés para os passos andados.
Agradeço a tudo e a todos que me ensinam
a como ser e a como não ser.

Sou grata por todas as direções que a Rosa dos Ventos
estampa em meus ciclos de descobertas,
entendimento, encontros e desencontros.

Sou grata pela impermanência.
Sou grata por tudo que renova o meu olhar.

Agradeço por tudo que me permitiu deixar a mente e o peito
voarem além do firmamento e das circunstâncias
para que eu encontrasse a linha que desenha
a minha essência.

Agradeço ao Infinito, bússola que guia
o meu coração, o centro de minha cabeça e a ponta dos meus dedos.

Agradeço as asas que nascem do Amor que circunda a minha vida.

Honro todos os aprendizados,
a trama da existência que sacode os dias para o voo das possibilidades.

Agradeço este momento.
Agradeço.

www.editorainverso.com.br
facebook.com/editorainverso
@editorainverso
(+55 41) 3254-1616 e 3538-8001
(+55 41) 99798-7623